稻盛和夫心学

黄震 —— 编著

广东旅游出版社

中国·广州

图书在版编目（CIP）数据

稻盛和夫心学 / 黄震编著. -- 广州：广东旅游出版社，2024.12. -- ISBN 978-7-5570-3367-5

I. K833.135.38；B821

中国国家版本馆 CIP 数据核字第 20240C5M36 号

出 版 人：刘志松
责任编辑：张晶晶　黎　娜
责任校对：李瑞苑
责任技编：冼志良

稻盛和夫心学
DAOSHENGHEFU XINXUE

广东旅游出版社出版发行
（广州市荔湾区沙面北街71号首层、二层　邮编：510130）
印刷：北京晨旭印刷厂
（北京市密云区西田各庄镇西田各庄村北京晨旭印刷厂）
联系电话：020-87347732　邮编：510130
880毫米×1230毫米　32开　7印张　123千字
2024年12月第1版　2024年12月第1次印刷
定价：49.00元

［版权所有 侵权必究］
本书如有错页倒装等质量问题，请直接与印刷厂联系换书。

前言

稻盛和夫说："事业上飞黄腾达，物质上富可敌国，所有这一切和提升心性相比，都犹如尘埃，不足挂齿。"他认为，人生的一切，始于心，终于心。

稻盛和夫所说的心究竟是什么？

稻盛和夫认为"心"就是良心，是一种与生俱来的善念。很多时候，人们所做的事都是下意识的行为，不带有功利性。比如，见到别人遇到危险会不假思索地伸出援手，这就是潜藏在内心底层的善念被触发了。

天生的善举无法质疑，然而有些事情并不是仅靠是非善恶的标准就能判断出来的。有时候，我们自认为做了一件好事，却被评判标准否定了，内心就会失衡，或者出现较大的波动。这些失衡或波动和"心"的本质是息息相关的。

稻盛和夫将"心"分为真我、灵魂、本能、感性、理性五个层级。其中，"真我"为核心，即真善美，指的是一个人的感恩心、利他心、进取心等。当这些具体的心性映射到一个人身上时，他内心的善念就会绽放出耀眼的光芒，心境得到提升。

在稻盛和夫看来，真我当中最重要的心性莫过于感恩心和利他心。感恩心看起来微不足道，却拥有强大的能量。当我们怀着感恩心与人相处时，既能让别人感觉"值得"，也能让自己开心。从这个角度看，感恩是互利的，是一种重要的处世哲学。

要做到时时感恩并不容易。如果我们遇到的都是贵人，都是顺境，自然容易心存感恩。可事实上，人在一生中不仅会遇到好人、遇到好事，还会陷入困境，这时候，更容易出现哀叹怨忧而非感恩。可在稻盛和夫看来，艰苦的经历通常会带来美好的幸运，逆境比顺境更值得感恩。

所以，无论遇到多么糟糕的情况，都应当保持积极、感恩的心态，寻找解决问题的方法。如果受到命运的青睐，也不可陶醉其中，而要将自己所受的恩惠与周围的人分享，秉持利他心做人做事。

稻盛和夫认为，利他是最高境界的利己。人生在世不能只想着自己，也要为其他人考虑。在思考是什么成就了日航的快速复兴这一问题时，稻盛和夫说，除了利他心，他想不到其他更好的答案了。

什么是利他心？就是凡事为对方着想。在稻盛和夫看来，企业经营者要站在员工的角度，考虑员工的利益，让他们愿意去做，而不是只站在自己的角度要求他们去做。在做经营决策时，不是先基于企业自身的利益做出判断，而是先考虑员工利益后做出的选择。

利他心就像顺风行船，推动着一切事物向着好的方向快速前进。用利他心发起的行动，通常会结出善果，自己也会得到积极的反馈。相反，如果总是强调"我"的利益，就会变成逆风行船，使得前进的路上困难重重。

除了利他心，还有意念心、进取心、正道心、反省心、乐观心、强韧心等。这些美好的心念都是真善美的缩影，有助于我们走上正确的人生道路。

本书以稻盛和夫的经历和感悟为基础，通过解析稻盛和夫对心的思考和体验，为大家展示什么才是至真、至善、至美。只有走正确的路，做正确的事，才能获得幸福的人生。

目录

01 感恩心：感恩产生人生动力

时刻将谢谢挂在嘴边，逐渐改变人生 / 003

不管好还是坏，都要感谢 / 006

感谢客户的苛刻，那是成长的机遇 / 011

以感恩心珍惜生命中的贵人 / 017

常怀谦卑之心，才能萌生感恩心 / 021

02 利他心：做事须持善意的动机

了无私心的至善动机，是成功的关键 / 027

利他心发起的行动，早晚会结出善果 / 032

超脱私心，经营的目的是为全体员工谋幸福 / 036

绝不因为经济萧条解雇一名员工 / 041

先考虑对方利益，以此作为决策的判断标准 / 046

理性利他，要分清小善和大善 / 050

抑制利己心，要放下"还要更多"的贪念 / 054

03 意念心：心不唤物，物不至

心想事成的秘诀，是怀抱强烈而持久的愿望 / 059
坚持思善行善，命运就会改变 / 063
思考每个细节，让成功的影像清晰浮现 / 066
相信自己，瞄准"超过自己能力之上的目标" / 070
真正厉害的人，都是自燃型的人 / 074
摆脱内心的忧虑和恐惧，吸引正能量 / 078
怀有潜意识中的强烈愿望，才能达成目标 / 081

04 进取心：付出不亚于任何人的努力

每天勤奋工作，比什么都重要 / 087
绝不将就，把完美作为工作的最高标准 / 091
一定要争取，甚至去抢机会 / 095
不怕失败，从过去的失败中学习经验 / 098
每天比昨天进步一点，哪怕微不足道 / 101
以身作则，成为他人的榜样 / 104
成为努力工作却"心怀不轨"的人 / 108

05 正道心：就算碰壁也要做正确的事

做自己认为对的事，不迫于外界压力而改变 / 115
远离歪门邪道，对舞弊违法行为零容忍 / 120
贯彻正道，是必定会成功的信念基础 / 124

不为诱惑所动，坚持正确的原则 / 128
坚决远离心术不正之人 / 132
以善恶为标准，不会把公司引向错误的方向 / 135

06 反省心：最好的心灵修行

反省，就是耕耘整理自己心灵的庭院 / 141
持续反省，才能维持优秀的人格 / 146
每天审视自我，让优秀成为习惯 / 150
坦率承认自己的不足，并努力改进它 / 154
有所成就时，千万不要骄傲 / 158

07 乐观心：总是保持正面的看法

越是在最难熬的困境，越要保持积极的心态 / 165
不在没有意义的事上劳心伤神 / 169
凡事从善意的角度去思考和看待 / 172
与其抱怨，不如想想怎么改变 / 177
格局大了，烦恼就少了 / 181
知足之心，最容易感受幸福 / 185

08 强韧心：锲而不舍干到底

不气馁，不放弃，锲而不舍挑战困难 / 191

萧条时期反而是增强企业体质的机会 / 195
不管外部条件如何，都要达成目标 / 200
一心追求目标，抛弃一切恐惧和借口 / 204
坚持不懈，用哲学把大家的心凝聚在一起 / 207

参考书目 / 212

01

感恩心：
感恩产生人生动力

稻盛和夫说:"懂得感谢很重要,不仅要感谢帮助我们的人和事,还应感谢我们周围的一切。内心的感恩会转化成强大的信念和动力,激励自己不断奋勇向前,同时也能够感动和感染身边的人。"

时刻将谢谢挂在嘴边，逐渐改变人生

时刻将谢谢挂在嘴边，意思是常怀感恩心。心理学认为，感恩是因为意识到被给予而产生的感谢对方的心理活动或行动。懂得感恩的人，面对事情的态度往往是积极的，他们会给自己正面的、积极的暗示，并采取积极的行动。长此以往，他们的人生会逐渐发生改变。

"如果没有家人、工作伙伴和社会，我们个人也难以维持正常的生活。如果这么想，那么我们只要活着，就必须感恩。"这是稻盛和夫坚持践行一辈子的人生信条。

稻盛和夫回忆自己的人生经历时认为，他的感谢习惯的养成源自孩提时代一次礼佛的体验。据稻盛和夫描述：一天夜里，父亲一手提着灯笼，一手牵着稻盛和夫，在山路上慢慢前行。

在山路的尽头,有一间破旧的房子,从窗户透出昏暗的烛光。屋内有一位僧人坐在佛龛前诵经,他的身后有十多个与稻盛和夫年龄相仿的孩子。待诵经结束,僧人示意孩子们向佛坛献香并叩拜佛祖,稻盛和夫也照做了。

之后,僧人对稻盛和夫说了一段让他铭记终生的话:"孩子,你和你的父亲走了那么远的路,真不容易。你今天的参拜已经得到佛祖的认可,今后可以不用过来了。不过,从今以后,你一定要时时念诵'南无[1]、南无,谢谢'。"

在他们离开之前,僧人还嘱托稻盛和夫的父亲:"如果这个孩子能照我说的去做,今后的路会非常顺遂,因为他是一个懂得感恩的孩子。"

那时的稻盛和夫尚且年幼,听到这样的话,他感觉自己像通过了考试一样,很是自豪。在那之后的80年里,稻盛和夫每天都会几十次脱口而出僧人让他念诵的话。比如,早上洗脸时,吃到美味食物时,或者在做其他感觉到自己被幸福围绕的事情时,他就会念出"南无、南无,谢谢"。

稻盛和夫在年轻时经常到各地出差,遇到一些宗教场所,他通常前去参拜。"南无、南无,谢谢"这句话已经融入稻盛和夫的血液,渗入他的灵魂。在他的人生旅途中,每逢遇

---

[1] 南无,拼音为 nā mó,佛教用语。

到应该表达感恩的场合，他都会不由自主地说一声"谢谢"。

现代联合控股集团有限公司董事长章鹏飞曾问稻盛和夫："要做成一家百年企业，最需要拥有的东西是什么？"稻盛和夫答："我觉得不管是谁，想要成就一家百年企业，最需要拥有的就是一颗感恩心。"

稻盛和夫说，他本是一个家境窘迫的穷小子，现在能在企业经营领域取得一定的成就，这份幸运实在值得感谢。他认为，感恩是一种生活态度，哪怕是微不足道的小事，也要发自内心地感谢。

"活着就要感谢"，稻盛和夫常常把这句话挂在嘴边。他认为，没人能在世界上独立生存。如果没有空气，我们一天都活不下去。如果没有家人、朋友、同事，我们个人也很难维持正常的生活。我们能够每天精神饱满、自由地生活，绝不是理所当然的事情，周围一切的人和事都在为我们提供支持和帮助。所以，人活着就要感恩。

时刻心怀谢意当然不容易做到，尤其在遇到不如意的时候，更难做到心怀感谢。稻盛和夫在年轻的时候也曾强迫自己："就是违心说谎，也要说一声谢谢。"他经常告诫自己：感恩之心可以美化心灵，改变命运。他认为，当"谢谢"说出口时，自己的心情忽然就变得轻松、明朗了。

不管好还是坏，都要感谢

稻盛和夫认为，人在顺境的时候，容易觉得这是自己应得的，甚至会认为自己得到的东西还不够；而人在逆境的时候，则容易生出"为什么是我遭遇此等不幸"的想法，从而变得怨天尤人。所以，稻盛和夫时常告诫人们，不管面对何种境况，是好还是坏，都要以感恩心去面对。

一个人若总是好运连连、事事如意，应该会心怀感恩。稻盛和夫却不这么认为，他认为尽管很多人交了好运，却无法做到心怀感恩，他们认为那是自己应得的，甚至认为自己得到的还不够多，不够好。贪婪，是这些人的本性。

我们常常能听到这样的例子：一些人拥有了成功的事业，获得了显赫的名声，却没有珍惜和感恩，而是狂妄自大，觉得自己无所不能，于是干起了营私舞弊的勾当，结果引发丑闻，之前积累的所有成就毁于一旦。

一个人拥有好运却不知感恩，当他身处厄运时就更不会感恩了。稻盛和夫认为，让一个遭遇困境，被灾难击中，做什么都不顺心的人做到时刻心怀感恩，的确非常困难。一个没有得到适当锤炼的人，一旦身陷困境通常会抱怨上天为何让自己遭遇不幸，满腹怨恨而无法释怀。

对于感谢之心的培养，稻盛和夫有自己的体会，在他看来，让那些经过长期修行的人说"谢谢"，总是自然而然的，没有什么难度；而没有修行过的人很难做到自然，只能从强迫自己开始，即有意识地提醒自己去说"谢谢"。尽管这是一个非常简单的人生秘诀，却没有人教我们这样做，所以能够真正在生活中贯彻这一秘诀的人，可谓是凤毛麟角。

著名的圣严法师曾经说过："面对它，接受它，处理它，放下它。"稻盛和夫对所有的事物表示感谢的做法，就是面对和接受一切现实，不逃避。

所以，稻盛和夫会告诫人们，不管遇到顺境还是逆境，都要心怀感恩地面对。他认为，在顺境中，要相信一切都不会永远持续，故不能沉溺其中，否则容易滋生骄傲自满的情绪。面对逆境，更要感恩，因为困难的到来是对潜能的又一次激发，战胜困难收获的是成长。所以，无论遇到什么事，都要表达感谢,我们必须将这个道理铭刻于心,时刻提醒自己做好准备,用感恩心面对一切。

稻盛和夫认为,严酷的环境和严峻的局面恰好是磨炼心志的机会。在他看来,一个人正是因为克服了重重困难,他的意志才坚强起来,成就了今天的自己。如果他出身富裕的家庭,成长在优越的环境,没有经历过挫折和打击,事事一帆风顺,他的意志可能不会像现在这样坚韧,那么他的人生结果可能也会有所不同。

京瓷获得制造及销售人工股骨关节的许可,并在应用中产生了较好的效果。之后,一些医疗专家又希望京瓷制造陶瓷膝关节。但是,该项目的研究、生产及投放必须经过日本厚生劳动省的批准,并且产品通过临床试验后才能进行推广。然而人工股骨关节的巨大成功让很多人变得急不可耐,他们认为股骨关节和膝关节没什么区别,希望京瓷能够早日帮助那些深受疾病困扰的患者。也是出于善心,稻盛和夫就在没有拿到厚生劳动省官方授权的情况下开启了膝关节研发项目。

尽管膝关节的应用效果良好,可麻烦也随之而来。在未取得官方同意的前提下,京瓷擅自研发和推广的行为被一些别有用心的人解读为昧着良心赚黑钱,一时间关于"京瓷在医学领域赚黑心钱"的消息满天飞。稻盛和夫顿时意识到问题的严重性,多次赶赴日本厚生劳动省道歉谢罪。同时,京瓷总部门前布满了成排的摄像机。一连几天，稻盛和夫低头认错的镜头反复在电视上播放。

那段时间，稻盛和夫心力交瘁，整天沉浸在因决策不善而造成的痛苦中，请求他的人生导师西片担雪法师指点迷津。听了稻盛和夫的倾诉后，西片担雪法师哈哈大笑，说："很好啊，灾难降临之际也就是过去造的业消失之时。你受到一点批评就能消除业力，应该庆祝才对。"

稻盛和夫认真咀嚼法师的话之后，感到豁然开朗。后来他在自己的作品中写道：在我们的人生中，祸福如同交织的绳索，好事坏事交替发生。所以，好也罢，坏也罢，晴天也好，阴天也好，都应怀抱一颗感恩心。不管自己遭遇了什么，就冲自己还活着这一点，就应该感恩。稻盛和夫常在内心告诫自己，只要实践感恩这一方法，就能提升心志，开启幸运。

稻盛和夫说过，冬天越寒冷，春天的樱花开得就越灿烂。人亦如此，在被逼入逆境时，要相信这是上天赐予的礼物，是一个重要的机会。如果一定要给幸福的人生出一本秘籍，这本秘籍上可能会写：不管目前的你正在经历多么残酷的事，请不要屈服。也许对磨难说声"谢谢"很难，但你一定要这么做，因为这是击败磨难的秘密之一，力量正是通过这个豁口开始源源不断地输送进你的体内。

稻盛和夫认为，因为不懂感恩而浪费自己人生的人太多了，即便他们拥有高深的知识，具备卓越的才能。所以，无论好事还是坏事，都要用积极的态度面对一切，并加以感谢。这是重要的人生道理。

感谢客户的苛刻，那是成长的机遇

稻盛和夫经常对员工说"要做客户的仆人"，这意味着在与客户打交道的过程中，要把客户至上作为贯穿始终的原则。面对客户的挑剔和苛责，不必抱怨，因为"嫌货才是买货人"，他们恰恰是在为你提供销售的机会。

京瓷起初是一家毫不起眼的街道工厂，却拿到了松下公司的订单。

接到大公司的订单固然可喜可贺，但是这个大客户却不好应对。松下公司不仅对产品的品质及交货时间都有严苛的要求，对待价格也很严苛，每年都有苛刻的降价要求。

这些苛刻的要求让拿到松下公司订单的生产商纷纷抱怨其"欺负供应商"，甚至到了憎恨的程度。这种心情可以理解，然而稻盛和夫没有抱怨，他觉得这正是对京瓷的考验，也是一次发展的机会，京瓷一定要接受这个挑战，并且努力完成任务。

为了满足松下公司提出的苛刻要求，稻盛和夫带领团队努力创新研发，并想尽一切办法从根本上压缩产品成本。由于一直严格按照松下公司提出的要求进行研发、生产，京瓷的产品质优价廉，远远超越了同行。

此后，京瓷顺利打入美国市场。跟美国的同类产品相比，京瓷的产品不仅品质卓越，而且价格也极有竞争力。京瓷因此接到了IBM等世界著名公司的订单，赢得了更好的发展机遇。而那些曾经抱怨松下公司苛刻的企业，很多都已经消失了。

在复盘时，稻盛和夫意识到，正是为了满足松下公司对产品的苛刻要求，京瓷才制造出超越行业标准的卓越产品。这样想着，稻盛和夫就对松下公司充满了感恩，非常感谢松下公司当初的苛刻。他曾在《干法》一书中表达了对松下公司的谢意，正是松下公司给予的考验，才使得京瓷掌握了具有世界水准的竞争技术。"松下，是你培养了我们。"

请思考一下：在遇到挑剔苛刻的客户时，我们是不是有厌恶、抱怨，甚至会忍不住和对方发脾气、争辩，或者干脆逃避的表现？如果我们选择直面这些苛刻的要求，积极应对，并绞尽脑汁做功课，在产品上下狠功夫，去提高性价比和服务能力，尽管会一时痛苦，却能迫使我们跳出舒适区，从而获得蜕变与成长。

华为董事、首席执行官任正非说："古人云，三人行必有我师。这三个人中，一个人是竞争对手，一个人是敢于批评我们设备问题的客户，还有一个人是敢于直言批评的下属。"他认为，苛刻的客户是最好的老师，客户鸡蛋里挑骨头的做法，可以让企业审视自己的不足，努力弥补短板。

> **案例**
>
> 十几年前，华为一直在寻找机会进入日本主流电信市场。为了获得日本主流电信运营商的认可，华为邀请日本客户 K 公司做认证。
>
> 2008 年 7 月，K 公司的认证官福田先生来到华为的深圳基地，对华为的生产线进行质量检查和认证。当时华为已经通过英国电信的严格认证，因此对 K 公司的这次检查自信满满，认为肯定能轻而易举地通过检查。
>
> 检查结果却出乎意料。华为工厂在这次认证中拿到了 93 项不合格，其中包括厂房环境温度和湿度的控制、无尘管理、周转工具的清洁等，K 公司对很多项目的严苛要求都远远超过了行业标准。

华为先是震惊，然后是难以接受。有人说，这简直是吹毛求疵。经过讨论，华为认可了对方指出的问题。他们认为福田先生的态度是真诚的，这些意见是有价值的。华为必须有更强的进取心，争取在质量上再上一层楼。

接下来的几个月，华为严格按照K公司的标准，对设备现场、员工教育等方面进行优化。经过优化，华为的生产研发、员工素质等各个方面的质量均得到了大幅提升。

2008年12月，福田先生再次来华为工厂检查，这一次华为通过了质量认证。这除了要感谢客户和K公司给予的外在压力，也要感谢华为的自我加压。

2010年，华为创建了一个虚拟化的特别组织，即客户满意与质量管理委员会。该委员会存在于华为集团的各个层级，其主任由轮值首席执行官亲自担任，下面设有相应的负责人，以保证每一层级的组织都能知道客户的诉求，并对质量有深刻的理解，能把客户的要求变成公司前进的动力。

如果没有客户的挑剔和高要求，企业很容易自我满足，不思进取。只有那些愿意接受客户的挑战，能够寻找自身问题，并且努力改善的企业，才能在激烈的竞争中脱颖而出。

> **案例**
>
> 重庆摩尔水处理设备有限公司（以下简称"重庆摩尔公司"）是一家从事高纯度水设备研发的公司。它能成为苹果公司的供应商，也经历了重重考验。
>
> 起初，有一家美国客户希望重庆摩尔公司提供一款24小时持续运行且6个月不停机的超纯水设备。按行业惯例，常规的超纯水设备最多允许持续运行1个月，就必须停下来进行检修和维护。连续不停地运行6个月，这对超纯水设备来说实在是一个巨大的考验。
>
> 重庆摩尔公司没有被困难击退，而是把客户的要求当作机遇。最后他们花了两年时间，耗资50多万元，为对方定制了一台设备。
>
> 这让重庆摩尔公司在行业内一炮打响，引起许多大企业的注意：先是富士康向他们抛来了橄榄枝，后来他们又通过招标，正式成为苹果公司的供应商。
>
> 从为美国客户定制设备到成为苹果公司的供应商，在这10多年的时间里，重庆摩尔公司一直钻研技术，寻求突破，最终在行业中脱颖而出，跻身世界第一梯队。

当然，我们也要学会辨别客户的苛刻是不是真的值得我们感谢。如果客户吹毛求疵的目的仅仅是要挟降价，让企业做出让步，那就不值得我们感谢；如果对方基于行业标准，针对产品的质量、价格、交期等提出符合行业标准的要求，并且在收到改善后的产品后进行良性沟通，给出肯定或者建设性的意见，就是值得我们感谢的。

以感恩心珍惜生命中的贵人

我们在一生会遇到各种各样的人，必须识别出谁是我们的贵人——那些对我们充满关爱体谅之心，抱着纯粹动机与我们交往，并给予我们指导和帮助的人。我们要感谢生命中遇到的贵人，以涌泉相报滴水之恩。

稻盛和夫分享过出现在自己生命中的几个贵人。

稻盛和夫的第一个贵人是促成他考入中学的土井老师。稻盛和夫于1944年小学毕业，由于当时没有好好准备，所以没有考上旧制名门初中。1944年末，稻盛和夫被诊断为肺结核初期，在家休养。

到了1945年，稻盛和夫的身体状况仍然很差，这让他完全没有信心："我就不上中学了，放弃吧。"就在这时，土井老师前来家访，并向稻盛和夫的父母提出一定要让孩子上中学："尽管没有考上鹿儿岛一中，但是还有鹿儿岛私立中学。不管怎样，都要让他读中学。"父母表示，稻盛和夫还在生病，所以不打算让他读初中了。

尽管遭到了稻盛和夫父母的拒绝，土井老师还是对稻盛和夫说："我已经替你报名了，你一定要去考试！"原来，他已经把稻盛和夫的入学申请表交给了鹿儿岛私立中学。为了不辜负土井老师的一片好意，稻盛和夫参加了这所中学的考试。幸运的是，考试合格，他得以进入初中学习。稻盛和夫说，如果当时土井老师没有为他提交入学申请表，他肯定会在小学毕业后就步入社会了。

稻盛和夫的第二个贵人是读高中时遇到的辛岛老师。他认为，辛岛老师对他的人生产生了很大影响。在三年的高中时光里，辛岛老师一直担任稻盛和夫所在班级的班主任，并教稻盛和夫数学。酷爱数学的稻盛和夫得到了他的很多关照。

高中时的稻盛和夫学习还算用功，无奈家境贫寒，再加上他还有五个弟弟妹妹，所以父母希望他高中毕业就参加工作。虽然稻盛和夫非常想上大学，但是考虑家里的条件，他决定不考大学，并打算在本地的鹿儿岛银行找一份工作。

辛岛老师则希望稻盛和夫考大学，并进行了两次家访。他对稻盛和夫的父母说："无论如何，一定要让孩子去读大学。他的成绩在学校数一数二，不读大学实在是太可惜了。我知道你们家的经济条件不好，可我觉得还是应该让他读大学，让他走自己喜欢的路。请你们再考虑考虑。"学费是稻盛和夫父母最操心的事情，辛岛老师也考虑到了这一点："你们不用太担心，稻盛在初中和高中都拿到了育英奖学金，他一定能在大学继续拿奖学金。如果平时再打些零工，总能过得去。无论如何他都应该去读大学。"最终，稻盛和夫的父母同意让他去读大学。

稻盛和夫的第三个贵人是他大学毕业时帮他东奔西走找工作的指导教授竹下老师。稻盛和夫大学毕业时恰逢日本经济不景气，工作异常难找。竹下老师托关系联系到松风工业，解决了稻盛和夫的就业问题。

稻盛和夫的第四个贵人是给他中肯建议，劝阻他前往巴基斯坦的内野老师。稻盛和夫的大学毕业论文得到新就任的内野老师的赏识，他说："即使和东京大学学生的论文相比，你的论文也毫不逊色。"内野老师虽然没有教过稻盛和夫，但对他的善意在毕业后一直持续。

大学毕业后，稻盛和夫在京都的松风工业工作，内野老师每次从鹿儿岛到京都出差时都给他发电报，还利用短短几分钟的停车间隙和他交流谈心。

在松风工业工作三年后，稻盛和夫因为和上司在新的研究课题方面意见不一致提出辞职。他之前接待过来自巴基斯坦的一个实习生，对方是巴基斯坦某绝缘瓷瓶大企业的第二代继承人，当时就力邀他去巴基斯坦，并开出了诱人的条件。

起初，稻盛和夫并没有打算去巴基斯坦，但后来他和上司意见不合，正常离职后没有地方可去，就想到了这一邀请。得到对方的承诺后，稻盛和夫把这件事告诉了内野老师。不料，内野老师强烈反对，他说："一定不能去巴基斯坦。现在日本技术飞速发展，你在这里好不容易积累了这么好的经验，掌握了先进的技术，如果去巴基斯坦工作几年后再回到日本，作为工程师，你几乎再无优势可言。所以，你一定要留在日本努力。"

内野老师的直言不讳，让稻盛和夫猛然醒悟，也就放弃了前往巴基斯坦的念头。如果稻盛和夫前往巴基斯坦担任工程师，就失去了日本优越的科研环境，也就无法取得现在的成绩。

后来，稻盛和夫还结识了西枝先生。在西枝先生的帮助下，他得以创立京瓷的前身——京都陶瓷。因西枝先生的引荐，稻盛和夫又结识了西片担雪法师。稻盛和夫表示，如果没有西片法师，自己的后半生完全可能是另一番景象。

在稻盛和夫看来，自己从少年时期到青年时期，每个节点都遇到了贵人，得到了他们善意的帮助。毋庸置疑，少了他们其中任何一个，都不会有今天的自己。这些人值得他铭记一生，感谢一生。

常怀谦卑之心，才能萌生感恩心

一个习惯鼻孔朝上的傲慢之人，是不会对人怀有感恩心的。稻盛和夫认为，谦虚心就是培育感恩心的源泉，没有谦虚心，就无法产生感恩心。

一个人一旦失去谦虚的品质，就会慢慢变得不可一世，习惯用傲慢的态度对待身边的一切人和事。稻盛和夫认为，让一个人误入歧途的因素不一定是失败和挫折，还可能是成功和赞美。当事情进展顺利时，很容易获得周围人的赞扬，难免会自我陶醉，滋生自满情绪，进而做出错误的判断。

稻盛和夫讲述了自己的一段经历。在京瓷的经营终于走上正轨，也有了可观的利润时，他就想："公司的利润这么高，我的薪水却这么低，我是不是太亏了？"那时候，他心中的念头是，公司依靠自己的才干才发展得这么好，就算自己拿比现在多几倍的薪水，也没什么问题吧。

　　但是稻盛和夫很快意识到自己的傲慢，并认真进行了思考。他想，他拥有的才干和能力并不是属于他的私有物，而是被赐予的。同时，那些人们认定属于自己的事物，不过是暂时寄存在人们这里的，它们究竟属于谁，无人得知。因此，这些事物不能只为自己所用，还应该为世人、社会所用。人在走到生命的终点时，就应该毫不留恋地将这些寄存之物归还给上天。

　　按照稻盛和夫的观点思考，诸如"这是我的东西""那是我的功劳"之类的想法，就失去了根据。稻盛和夫认为，如果人们在生活和工作中能够意识到这一点，骄傲自大的情绪就会自然消失，谦虚和感恩心就会随之而生。

　　如今，以自我为中心、过分强调自我主张的人越来越多。比如，有些人总是认为自己才是工作中的核心人物，他们经常陶醉于自己的能力或微不足道的成功，不把他人看在眼里，也不愿意配合他人，对他人的付出更是视而不见。长此以往，他们就得不到他人的帮助，也会严重阻碍自己的成长。所以，我们必须始终保持谦虚的态度，意识到"团队高于一切""大家一起努力才会成功"，才能形成团队合力，打造和谐的工作氛围，从而有效地开展工作。

稻盛和夫常常引用中国古人的一句话"唯谦受福",只有保持谦虚的品质,才能吸引幸福,与好运相伴。因为保持谦虚,才更容易感念别人给予的帮助,并愿意向别人学习。

微软第一任华人副总裁李开复曾说,他最敬仰比尔·盖茨(Bill Gates)谦逊的性格。李开复有一个朋友,在微软专门帮助比尔·盖茨准备讲稿。朋友告诉他,在每次演讲前,比尔·盖茨都会仔细批注讲稿,并认真地准备和练习。而且,比尔·盖茨每次演讲完,都会和这个朋友交流,问"我今天哪里讲得好,哪里讲得不好",更可贵的是,他并不只是问问而已,而是把不足之处记在本子上。

一个事业如此成功的人,还能这么谦卑,这么乐意向别人学习,实在是了不起。

在稻盛和夫看来,一个企业家若是不懂感恩,即便有再出色的才华、再雄厚的资本,也容易失去生存的机会。因为一家企业能正常维持运作,单单靠企业家自己的努力是不可能做到的,更离不开全体员工的努力,以及顾客、供应商甚至家人等的大力支持。不要忘记他们的帮助,要对他们怀有感谢之心,感谢他们的付出,感谢他们的信赖,感谢他们一起推动事业的发展。

02

利他心：
做事须持善意的动机

稻盛和夫说:"利他主义是成事和成功的基础。处处为他人着想,不仅事情会出奇的顺利,自己的内心也会平静充实。"利他心就是换位思考,当我们愿意主动从对方的角度来看问题和处理事情时,必得天助。

了无私心的至善动机，是成功的关键

一个人如果做事动机不纯，结果就不会好。稻盛和夫说："做事前，我总是追问自己能否做到动机至善、过程至善。当我坚信'我的确是这样想的'之后，才会宣布开展一项事业。"

稻盛和夫认为，每个人做事都有一定的动机，不管是为自己，还是为别人。这个动机如同推动事情前进的"地基"，地基牢固，才能在上面建造高大的建筑，否则再好的建筑规划也难以实施。因此，拥有一颗利他心，保持无私心的至善动机，是把事情做好做久的基础。

稻盛和夫到美国西海岸出差，看到一个营业员频繁地往美国东海岸打长途电话。出于好意，他提醒对方注意电话费。

对方热心地取来自己一个月的话费清单，稻盛和夫看后大吃一惊：与日本的长途话费相比，美国的长途话费便宜太多了。

同样是长途电话，日本的电话费为什么这么贵？原来，当时的日本只有一家通信公司，价格垄断之下，通信费用当然很贵。

1982年，日本允许民间企业进入通信行业，稻盛和夫立即想到降低长途话费，为民造福。但要进入通信行业绝对不是一件轻松的事情。当时垄断通信行业的通信巨头是日本电信电话公社（简称"电电公社"），其基础设施遍布全世界，员工多达33万人，年销售额超过4万亿日元，是名副其实的行业"巨无霸"。

作为一个对通信行业一窍不通的门外汉，稻盛和夫拿什么与之抗衡？

因此，当稻盛和夫提出自己的想法时，没有任何一家企业愿意和京瓷联盟发展通信业务。他们不敢正面挑战通信巨头，更不愿意为了降低长途电话费这样利他的事情而使自己面临粉身碎骨的风险，京瓷只得孤军奋战。

当稻盛和夫向董事会提出，要从京瓷的现金流里抽出1000亿日元时，董事会一致反对。毕竟京瓷这十几年发展得不容易，万一失败，对京瓷来说就是一个沉重的打击。谁愿意拿出辛苦赚来的利润投向一个自己毫不熟悉，也没有把握的行业？这简直是冒险。何况当时的稻盛和夫也已经 52 岁了，如果再冒险创业，万一失败了，也有身败名裂的风险。

社会舆论也几乎一边倒地认为，京瓷做通信必败无疑。稻盛和夫自己也说："有点像风车前手持一根长矛的堂吉诃德。"

在这种忧虑的氛围之下，稻盛和夫每天睡前都会确认自己做这件事的动机。他扪心自问："自己是否动机至善，是否了无私心？"当他最终确认自己的动机是为了降低日本话费的成本时，他下定决心去做这件事。

最终，董事会拗不过稻盛和夫的坚持，同意进入通信行业。1984 年 6 月，第二电电（DDI）成立。稻盛和夫说："在通信领域，我一没有知识，二没有技术，我拿自己的后半生进行挑战，就是为了证明利他心这个武器的力量。"

第二电电很快脱颖而出，成为当时日本国内排名第二、世界前十的综合电子通信公司。它不仅让日本的通信资费持续下降，还迫使电电公社也下调了资费。让日本民众享受优惠的通信资费的目的，就这样在稻盛和夫坚持利他的思想下实现了。

2000 年 10 月，第二电电和国际电信电话株式会社（KDD）、日本移动通信株式会社（IDO）三家公司合并为 KDDI 公司，由稻盛和夫担任名誉会长。几年之后，KDDI 成为世界 500 强企业。

在弱肉强食、商人逐利的社会里，为利益不惜违背道德和做人底线的人不在少数。有些企业的经营的动机只是建立在经营者的一己私欲之上，要么为个人钱财，要么为功名荣誉。这样的企业即使能够获得一时的成功，也无法持续地发展壮大。

有人问，如果一个商人践行利他精神，那他岂不是成了案板上的鱼肉，任人随意宰割？稻盛和夫却不这样认为，在他看来，尽管做事的动机源自人的欲望，但是只有把个人的私欲提升到追求公益的层面上，才能真正地惠及自身。

在进入通信行业的时候，稻盛和夫的初心是为了降低日本人的通信成本，而不是为了自己盈利。这看似不合理的经营目的却带来了巨大的成功，为企业、社会创造了财富。多年来，京瓷也一直坚持"为人类和社会进步做贡献"的做事原则。

稻盛和夫认为，只要动机是善的，做事的过程也是善的，结果通常会向好的方向发展。无论我们想从事商业活动，还是要创立个人品牌，心中都应有一个良好的动机。这个动机不是我们以后能赚多少钱，而是我们能为这个世界做些什么，如何为人类造福。这个动机背后的逻辑就是稻盛强调的利他思维。

在创业初期，也许很多人都无法达到利他的境界，却不妨碍利他成为一个值得企业经营者思考和探索的问题。一旦你找到这个问题的答案，你所做的事也就有了更崇高的意义，未来的路也会越走越宽。

利他心发起的行动，早晚会结出善果

稻盛和夫说："抱利他之心，行利他之事，命运自然就会好转。"他认为宇宙中存在着因果法则，利他是因。从利他出发做的事，往往会结出善果，把人生指向幸福的方向。

生活中，我们有时因为在短时间内无法看到一件事的好结果，通常会匆忙对这件事情下结论，甚至发出"好人没好报"的叹息。然而我们要明白，一个行为产生真正的结果往往需要相应的时间。以利他心发起的行动，往往会结出善果，并回馈到自己身上。

1998年8月，复印机制造商三田工业因为负债累累，不得不申请适用"公司重建法"，就是现在说的破产。深陷困境的三田工业社长不得不向稻盛和夫求助："请您无论如何一定要救救我们的员工。"

经过反复研究和慎重思考，包括稻盛和夫在内的公司管理层决定帮助三田工业重建。2000年1月，重建的三田工业正式更名为"京瓷美达"，以京瓷全资子公司的身份重启。稻盛和夫计划用10年的时间还清三田工业400亿日元的债务，并完成重建。

虽然京瓷协助京瓷美达提前完成了重建任务，业绩也是一路攀升，成为一家优秀企业，但是将其纳入京瓷的过程是艰难的。当时，三田工业有一个思想偏激的工会组织，工会成员整日热衷于搞"工人运动"。他们多次提出各种各样的不合理要求，均遭到了稻盛和夫的拒绝。于是，愤怒的工会成员在京瓷公司和稻盛和夫的住所附近张贴传单，污蔑稻盛和夫及京瓷公司。他们还开车在京都的主要街道上行驶，用高音喇叭诽谤稻盛和夫，还曾闯进稻盛和夫的私人住所。

这种情况持续了好几年，直到这些人离开公司才结束。致使京瓷受了很大的伤害，稻盛和夫也为此吃尽了苦头。

救助其他企业走出经营困境原本是做好事，反而遭到对方的不理解和报复，实在是令人气愤。稻盛和夫却没有采取任何对抗措施，他既没有怨言，也没有牢骚，而是把全部精力都用在了公司的重建上，一心一意提升企业效益。

老天不负苦心人，京瓷美达终于开始盈利。员工们内心充满了自豪感，也理解了稻盛和夫的本意。

京瓷美达提前7年付清债务，开启新征程，在京瓷集团全体干部会议上，京瓷美达的社长流着泪说："京瓷美达重生了。回想20年前，是稻盛名誉会长救助了我，而今天我成了救助别人的人。对于这一切，我感到不可思议，也感到深深的喜悦。"

原来，这位京瓷美达的社长就是稻盛和夫曾救助过的企业——赛博耐德公司的董事长兼厂长。赛博耐德公司当时经营的产品是步话机，因步话机规格变更的问题面临倒闭。在和该社长交涉后，稻盛和夫考虑开发打印机产品。他们在开发产品和市场的过程中也遇到了很多困难，京瓷为此投入了大量的人才和资金，凭着"创新，再创新"的执着，最终将打印机事业步入正轨。此时，京瓷恰好又遇到三田工业的求助。之后，京瓷的打印机事业与京瓷美达的复印机事业合为一体。

无论是救助赛博耐德公司，还是三田工业，稻盛和夫都是本着帮助别人的初衷做的决断。尽管中间也存在一些波折和误会，他还是认为："最后因缘际会，好的结果又回到了我身上。"

稻盛和夫说："利己则生，利他则久。"意思是，利己是与生俱来的本能，是出于生存的需要；利他才能得到更好、更长久的发展。世间万物，莫不如此。正如稻盛和夫始终坚持的那样，唯有极致的利他，才是最好的利己。

从长期看，因果报应是存在的，善行很难以恶果告终。只是在现实生活中，许多人过于短视，或者缺乏耐心，做了善事之后，一时没看到好结果就开始抱怨，或者不相信因果循环，甚至会认为好人反而得不到好报。稻盛和夫坦率地说，他在年轻时也有类似的想法。

这是因为因果法则并不像"1+1=2"那样严丝合缝地对应着。为什么"善有善报，恶有恶报"不会马上呈现？稻盛和夫认为这是命运的影响。命运不能看一时，而要看得长远。稻盛和夫说："我创业几十年了，从京瓷成立到今天，身边有人浑浑噩噩，也有人思善行善。如果只看5年、10年，或许还有坏人得意、懒人获利的现象，但一般都不会持续三四十年。"

稻盛和夫认为，做好事一定会得善果，做坏事会得恶果。这听起来似乎有些绝对，但是比起命运，这样的因果报应法则明显更具有力量。他将此总结为一句话，并告诫大家："要天天思善行善。但行好事，莫问前程。"我们不要因为一时没有看到好的效果就不做好事，重要的是在平日里行善积德，坚持不懈地执行下去。

《菜根谭》有云："为善不见其益，如草里冬瓜，自应暗长。"意思是，行善事表面上可能看不到什么好处，却像一个长在草丛中的冬瓜，在暗中一天天结果长大。

超脱私心，经营的目的是为全体员工谋幸福

稻盛和夫说："京瓷公司不是炫耀个人技术的场所，更不是经营者一个人发财致富的地方，而是全体员工共同追求幸福的场所，要对所有员工及其家属现在和将来的生活负责。"企业经营者必须摆脱私心，把为员工谋幸福作为自己的使命。

稻盛和夫创建京瓷最初的目的很简单，就是要把自己的技术发扬光大，让自己研发的精密陶瓷技术广为人知，并且制造出精良的产品。简单地说，稻盛和夫创办京瓷是为了实现自己作为工程师的个人梦想。

但是在1961年，即京瓷成立的第三年，一件事情让稻盛和夫开始重新思考公司存在的意义。

那天是节假日，公司员工仍然在加班。忽然，十余名员

工一起来到稻盛和夫的办公室，递上一份按了手印的"要求书"。

他们向稻盛和夫发问："奖金最少给多少？工资涨幅每年能达到多少？你要给我们一个明确的承诺。进厂时，我们原本以为这是一家发展不错的公司，谁知道才刚刚成立不久，我们心里非常不安。"最后，他们强硬地说："你作为经营者，如果不能给我们一个保证，我们就一起辞职。"

稻盛和夫一听头都大了：公司刚成立不久，实力还算不上强大，根本不可能把员工们的要求照单全收。但稻盛和夫也不愿意画大饼忽悠他们，他认为对不能确定的事做出承诺是不诚实的行为。

于是，稻盛和夫对员工们说："我没办法保证工资和奖金的涨幅。"他解释了公司当时的处境和现实情况，员工们显然不为所动。他又诚恳地说："虽然我无法就将来的事做出承诺，但是我一定会为大家的利益而竭尽全力，把企业办成让你们满意的好公司，请你们相信我……"

经过三天三夜的促膝长谈，双方达成和解。正是员工这次的做法让稻盛和夫开始反思创办京瓷的初衷，这与稻盛和夫当时的家庭环境有着密不可分的联系。稻盛和夫老家鹿儿岛的房子在"二战"期间被炸毁，父亲经营的维持一家人生存的印刷作坊也被夷为平地；战后，靠着母亲给人做和服，家里7个孩子才勉强吃上饭。在这种情况下，稻盛和夫还能读大学，家里的每个人都付出了很多。毕业工作后，稻盛和夫一直往家里寄钱，从不间断，却仍然无法完全照顾好家里的所有人。

当时，稻盛和夫心想，自己连家人都照顾不好，还要去照顾这些和自己没有任何血缘关系的员工的生活，难道经营企业就要背上如此沉重的包袱吗？他冥思苦想了好几个星期，困惑不已，甚至产生了后悔的念头："早知如此，当初我就不办公司了。"

经过反复的思考，稻盛和夫得出一个结论：公司的存在，不是为了实现自己的个人抱负，而是为了保障员工的生活，让他们从中获得幸福及保障。这才是企业经营的意义，也是公司的真正使命所在。

领悟到这一点，稻盛和夫心中如拨云见日，豁然开朗。当时京瓷只有60名员工，稻盛和夫重新确定了自己的使命——追求全体员工物质和精神两方面的幸福。京瓷的存在意义也由此从利己转变为利他，这也成为稻盛和夫作为经营者重生的转折点。

从此，稻盛和夫开始时刻把员工利益放第一位。稻盛和夫的这一做法感动了京瓷的员工，他们也开始把京瓷当作自己的家。如此这般，京瓷才慢慢壮大，成长为世界500强企业。

稻盛和夫说："如果没有员工，经营者一个人绝对不能把企业做起来。如果企业能让员工幸福，他们就会发自内心地拼命工作，这样一来，公司的业绩就会提升。公司业绩提升了，公司的股东就高兴了。员工感到幸福了，自然会乐意为客户提供更好的服务。此外，员工感到幸福，社会也会变得和谐。"为全体员工谋幸福，是企业经营中最根本的利他精神，用这样的理念去经营企业，必然能获得员工的最大认同，他们也会全力以赴地为企业努力工作。

稻盛和夫多次强调，企业经营者不能为了维系公司的财富，就要求员工牺牲家庭、献身工作。然而，有的企业却不惜牺牲员工的利益来获取企业自身的利润。比如，为了让员工为企业创造更多的价值，强制要求员工加班，或者要求员工在业余时间参加研讨会、学习会，这些做法只会让员工产生逆反情绪。

企业希望员工在工作上努力，就必须营造为员工着想的氛围。比如，管理者要经常了解员工的工作量是否合理，工作氛围是否良好，工作和家庭是否能平衡兼顾等。员工如果在这些方面有较强的获得感，自然就会爱岗敬业。换言之，如果希望员工做出牺牲，企业也要本着"大家工作努力的结果，一定会回馈给大家"的原则，而不能逼迫员工做出单方面的牺牲。

员工的工作热情是企业发展的根本动力，而员工本身的利益需求得到满足，则是激发员工努力工作的根本驱动力。真正优秀的企业家都会把员工当作一起成长的伙伴，愿意通过各种方式提升员工对企业的满意度。

绝不因为经济萧条解雇一名员工

企业经营者只有时刻把员工的利益放在第一位,员工才会拼命守护企业的利益。稻盛和夫说:"员工不是企业的负担,而是企业最宝贵的财产。"他表示,京瓷绝不会因为经济不景气而裁员。

1973年,第一次石油危机爆发。受其影响,京瓷的订单数量骤减,只有前一年的十分之一,九成员工成了闲人。面临同样的困境,日本其他大企业纷纷裁员,以求自保,稻盛和夫却没有效仿,他说:"需要员工时就把他们请来,一旦他们没有了利用价值就把他们赶到大街上,这是我们该做的事吗?"

为了避免出现人多事少的情况,稻盛和夫让十分之一的员工在工厂继续工作,其余十分之九的员工去打扫工厂。

尽管稻盛和夫在企业推行干部减薪的策略，京瓷仍然没有订单，危机也仍然存在。

日本有"春斗"的传统。春斗又称"春季生活斗争""春季工资斗争"，是由日本工会在每年春季组织的为提高工人工资而进行的谈判活动。

在第二年的春斗到来之前，稻盛和夫向京瓷工会提出"给员工延缓一年加薪"的请求。这在其他日本企业看来是无法想象的，因为日本工会是保护员工利益的核心组织，其力量非常强大，具有极强的维权和斗争意识。稻盛和夫竟然向工会提出延缓加薪的请求，简直是冒天下之大不韪。

令人意外的是，由于之前京瓷坚决不裁员的决策，以及其对员工坦诚开放的态度，京瓷工会不仅同意延缓加薪的请求，还愿意承担可能与上级组织发生冲突的风险。这充分说明在京瓷员工的心里，企业显然比工会组织更在乎自己的利益。

京瓷工会是这样回复上级工会的："企业处在这种困难的情况下，社长提出冻结加薪的要求是合情合理的，我们愿意接受。我们必须共同维护我们的企业。如果你们觉得我们这样做不可理喻，我们可以脱离上级工会组织。"

稻盛和夫用事实说明员工和企业是完全的利益共同体。只要企业经营者愿意维护员工的利益，员工又怎么会弃企业于不顾呢？

事情到这里并没有结束。第二年，京瓷业务状况好转，经营逐步恢复，稻盛和夫不仅给员工多发了一个月的奖金，还在涨薪的时候把前一年冻结的部分一并涨了回来。就是这段时间，京瓷的股价赶超索尼，居于日本第一。

2008年金融危机，稻盛和夫再次声明绝不裁员。他宣称公司有7000亿日元的储备资金，就算三年不赚一分钱，员工也照样有饭吃。在京瓷成立的60多年里，稻盛和夫一直坚持公司永远要保障员工生活的原则。

和稻盛和夫一样坚持不因经济不景气而裁员的企业经营者，还有日本的另一个"经营之神"——松下幸之助。

20世纪50年代，日本整个电器行业市场一片萧条，松下幸之助创建的松下电器制作所也被波及，产品严重滞销。为了减轻企业负担，渡过难关，一部分高管建议企业裁员。消息传出，员工便陷入了恐慌之中，一个个惶惶不安、提心吊胆，担心自己被裁掉。

当时松下幸之助正在医院接受手术治疗，企业高管过去探望，并且向他提出了裁员的想法。松下幸之助却做出了一个异乎寻常的决定：不裁员，也不减薪。他告诉前来探望他的高管，松下电器的所有员工一个也不准辞退。

为了应对业务缩水问题，松下幸之助下令所有员工每天只需上半天班，但是照常发放全天的工资。

员工们得到这一消息，内心感激万分。于是，在企业面临困境时，他们都表现出了超强的责任感，自发地去推销产品。上午去上班，下午就去拜访客户，推销产品，常常奔波到深夜，比在企业境遇好的时候更加努力和拼命——员工们真正将松下电器当作了自己的家。

经过全体员工一段时间的努力，松下电器的业务开始好转，滞销的产品销售一空，同时也形成一个良性循环。

当企业遭遇危机，裁员往往会成为企业的第一选择，因为效果立竿见影，然而它带来的消极影响也不容小觑。在经济形势不好时，员工会比企业管理者更为敏感，有一点风吹草动就会草木皆兵。他们忙着在恐惧中揣摩管理者可能采取的决策，寻找应对最坏结果的方案，自然难以静下心去钻研手头的工作，工作效率与专注度必然会受影响。

而一旦裁员消息被传出或者被确定，员工更是会集体躁动，每天专注于捕捉各种小道消息，人心浮动，对企业的影响就更大了。如果裁员落实，不管是留下的员工，还是被裁掉的员工，内心都不会好受。被裁掉的员工可能会骂企业没有良心；留下的人则会担心如果企业的状况不能得到改善，自己可能就是下一个被裁掉的人。

稻盛和夫和松下幸之助能够顶住压力，第一时间做出不裁员的决定，减小了员工内心的恐慌，使得他们内心充满感激，进而增强了对企业的归属感和主人翁意识。

先考虑对方利益，以此作为决策的判断标准

稻盛和夫说："从我自己的经验来说，不管是在商业活动方面，还是在人生的其他方面，但凡是依据'让对方受益'这一准则所做的判断，都获得了成功。"虽然人性是自私的，但优先考虑对方的利益，才能获得更长远的发展。

稻盛和夫说，一般企业经营者做决策，往往先考虑自身利益，比如，以个人利润、荣誉或尊严等作为决策依据，再从公司的利害得失得出结论。而他做决策的标准却有所不同，或者说他的观点与一般企业经营者的相反。他说："我不会基于一己得失做判断，相反，我会优先考虑对方的利益，以此为判断标准进行决策。"企业经营者责任重大，所做的判断、决策左右着企业的命运，因此一定要谨慎行事，从长远考虑。

为此，稻盛和夫讲述了一个他在企业经营的紧要关头，优先考虑对方利益做出决策，最终大获全胜的例子。

1989年，在日本企业收购美国企业纷纷失败的情况下，京瓷公司却成功并购了美国大型电子产品制造商AVX公司，在业内引起了巨大的轰动。稻盛和夫的主动让利，是保证这次谈判交涉成功的重要原因之一。

到了年底，初版合同定稿完成，两家公司的负责人和律师齐聚纽约协商。由于是以换股方式进行合并的，之前商量的股份交换比率为82∶32。不幸的是，当时纽约股市正处于低迷期，京瓷的股价从每股86美元跌到每股72美元。

AVX公司的负责人说："之前我们确定的交换比率是82∶32，但是现在京瓷的股价已不是当初的股价，跌至72美元，所以我希望能以72∶32的比率交换。我这样说没问题吧？"

稻盛和夫说："我们的股价确实跌了，就按照你说的定吧。"

即便稻盛和夫已经表示让步，但对方仍不满足，在他们看来，未来还存在一个不确定因素——正式完成并购需要到次年的1月，谁也无法保证这段时间的股价不会再变动。于是，AVX公司的负责人说："我们就先按72∶32的比率确定，如果到了次年1月合同完成，京瓷的股价又跌了，就要重新确定比率了，否则AVX就会蒙受损失。"

京瓷的律师立即回击道："现在你们把比率改为72∶32，对京瓷来说已经是巨大的损失了。既然您说按照市价确定比率，如果到了次年1月京瓷的股价超过72美元，是不是也该调整比率？否则太不合理了。既然我们是为合同定稿而坐在一起的，为何不在合同中把比率定死呢？比如，就用京瓷今天的股价来确定。"

双方据理力争，展开了激烈的争辩。

稻盛和夫见状，说道："如果站在AVX的立场，即便以京瓷今天的股价敲定72∶32比率，如果到了次年1月京瓷的股价再跌，那么想再调整比率也是自然的，对此我非常理解。另一方面，我方律师主张如果股价涨了，就和跌了一样重新调整比率，或者干脆现在就敲定72∶32的交换，也是合理的。但如果敲定后，万一京瓷的股价跌了，AVX会吃亏；如果股价涨了，重新调整比率，AVX也会吃亏。鉴于此，本着为AVX股东着想的宗旨，我决定，如果在合同完成时京瓷的股价下跌，按照那时的价格调整交换比率；如果上涨，就维持72∶32的交换比率。"

AVX公司的律师立即表示赞成，京瓷的律师却觉得这一做法对京瓷极为不公。虽然这个决定对京瓷不利，但是稻盛和夫不计得失，最大限度地为对方着想的行为，赢得了AVX公司的感谢，双方建立了良好的合作关系。到了次年1月，京瓷的股价并没有下跌，而是涨到 80 美元，AVX 公司等于赚了一笔，占了一个大便宜，股东们很是高兴。

这次合并，充分体现了稻盛和夫为对方着想的利他心。尽管短时间来看是京瓷牺牲了一些利益，但是从长远来看，稻盛和夫的这一做法会为京瓷带来更为丰厚的回报。两家公司合并成功后，京瓷的股价一路攀升，AVX 公司的业绩也增长迅速，1995 年在纽约证券交易所再度上市。

这件企业并购案例充分体现了稻盛和夫的利他思想：想要自己获利，必须先利他。换句话说，只有优先考虑别人的利益，自己的利益才能被实现。

或许有人会说，在商人逐利的社会，稻盛和夫的做法太傻。但正如孔子所说"放于利而行，多怨"，意思是如果事事以自己是否得利为标准思考来问题，就会招来众多的怨恨。也正因为商场竞争残酷激烈，利他之心才显得更加重要。

做决策时，如果总是先考虑"我能从中获取多少好处"，甚至不惜尔虞我诈，不择手段获取利益，也许能暂时占据上风，但也会因此失去长远的利益。司马迁在《史记·货殖列传》中提到，"故君子富，好行其德""人富而仁义附焉"，强调的就是人要以仁德致富，做买卖需讲求双赢，先让对方赚取该有的利益，自己才能有利可图。

理性利他，要分清小善和大善

"小善是大恶，大善似无情"是佛教教义，稻盛和夫非常认同这一点。他认为真正的善良不是单纯地对需要帮助者伸出援手，而是要做出判断，怎么做才是对对方最有利的。

善良不是无节制的盲目行为，慈善也不是向穷人撒钱的游戏，给钱并不能从根本上救助他人。真正的善是教会对方做正确的事，这才是对对方真正的帮助。

古人云："大仁不仁，大善不惠。""授人以鱼，不如授人以渔。"稻盛和夫先生的做法正是这些思想的体现。

稻盛和夫讲过这样一件事情。

一次，公司的一个员工带着自己的父亲深夜登门拜访稻盛和夫。父子二人眼角带泪，面容憔悴，希望稻盛和夫能借给他们一些钱。

在详细询问了对方遇到什么困难后，一向慷慨解囊、乐善好施的稻盛和夫果断地拒绝了对方的请求。

他说，拒绝他们让他显得有些冷酷，而且也让他很是苦恼，但他觉得自己当时的判断没有错，借钱给他们才是害了他们。

原来，这位员工的父亲不懂节俭，平时花钱大手大脚，把家产都败光了。稻盛和夫认为，如果直接借给对方一笔钱，就算帮助对方渡过眼前的难关，他的父亲还是会和以前一样挥霍浪费，不会改变。

于是，他对员工的父亲说："伯父，虽然我不知道您现在困难到哪种地步，如果我把钱借给您，就等于害了您。您要接受和克服目前的困境。"

后来，那位借钱的员工成长为京瓷的骨干员工，在岗位上大显身手。他经常和别人说："幸亏稻盛和夫先生当时拒绝了我借钱的请求，当时如果借到钱，我的父亲一定还会把钱挥霍一空。"

如果有花钱无度的朋友向你借钱，你仅仅因为出于同情，便不问缘由地向他伸出援助之手，反而会助长他的恶习，很可能会害了他，这是不负责任的行为。你必须做出正确的判断，做出真正能够帮助对方的选择，稻盛和夫以此区分"小善"和

"大善"。小善看起来是解了别人的一时之困,但很有可能结下恶果。大善看起来似乎不近人情,却是真正地为对方着想。

> 案例
>
> 春秋时期,鲁国颁布了一条法令:如果鲁国人在其他诸侯国沦为奴隶,能将被奴役的鲁国人赎回的人,就可以到鲁国官方的府库报销赎金。
>
> 一次,孔子的弟子子贡就遇到在一个在异国沦为奴隶的鲁国人。将其赎回后,子贡却不肯接受鲁国支付的赎金。孔子听说此事后却向人们表示,子贡做错了。孔子认为,从今以后,鲁国人将不会从别国赎回奴隶了。向国家领取赎金,不会损伤到子贡的品行;如果不领取赎金,鲁国就没有人再赎回在异国沦为奴隶的同胞了。

稻盛和夫认为,如果你想帮助一个人,要关注对方接受你的善意之后,是否可以获得更好的成长。如果只是暂时解决对方目前遇到的困难,对方却没有获得自我成长,这样的善就是伪善,是"假的日行一善",是不可取的。

在与人相处时,稻盛和夫一直秉持着"抱着爱心与人相处"的原则,他同时提醒人们,这种爱心不是溺爱,也不是盲目的爱。他特别不喜欢那种为了讨好或迎合下属,只会说"很好,很好"的领导。他认为这种仅仅满足自己做个好人的行为，反而会搞垮企业，导致员工生活无着落，最终会害了下属，这就是伪善。

持有大善的领导，在对下属充满关爱之心的同时，一定是严厉的，该批评的时候绝不留情。这在表面上会引起下属的不满，甚至会引发双方之间的冲突，但从长远来看，却能激发下属的潜能，让他们获得成长，也能让公司得到长足的发展，为员工创造更好的环境，这才是大善。

稻盛和夫说："为了行大善，企业经营者要敢于招人讨厌。"一个称职的经营者，不仅需要用善言去鼓励下属的善行，也必须具备必要的严厉。只顾讨好员工的经营者就像没有原则地溺爱孩子的家长，通常会把孩子养成品行恶劣之人。

如果分不清小善和大善的真正意义，往往会做出错误的选择。我们要坚守原则，拒绝当滥好人，有勇气做出在"凡人看来无情，实际上是大善"的决定。

抑制利己心，要放下"还要更多"的贪念

稻盛和夫说："抑制欲望和私心本身，就是接近利他心。"当利己的欲望减少，心灵里就会空出相应的空间，而填充进来的必定是利他心。

稻盛和夫认为，虽然人性本善，但人性又非常软弱，让人容易受到诱惑，成为各种欲望的俘虏，使人变得自私自利起来。在他看来，如果一个人没有掌握严于律己的哲学理念，想要抑制利己心是非常困难的。

如何抑制自己的利己心？稻盛和夫有一套自己的做法，他把心灵比作一个中空的同心圆，由内到外的结构分别是魂（真我）、灵性、理性、感情、感觉、本能。其中，魂、灵性属于精神意识，感情、感觉及本能属于肉体意识，理性则位

于精神意识和肉体意识之间。

如果说精神意识包含有利他意识的存在，那么肉体意识就完全受利己心的主导，满足自身肉体的需要。对普通人而言，依靠自己的本能和感情对事物做出判断是一种常态。但是，如果所有人都放任自私的本性，只顾自己的利益，"各人自扫门前雪，莫管他人瓦上霜"，社会就会变得冷漠。更重要的是，当私心弥漫整个社会的时候，人们就会对各种黑暗的角落视而不见。

利己的核心是贪婪。因为贪婪，人们总是想要更多，甚至有的人在追求财富、名誉、地位的道路上迷失了内心。为了防止欲望过度膨胀，把自己拖入深渊，我们必须使用强制措施约束自己的本能，减少利己思想在心中所占据的空间。也就是说，我们要有意识地审视自己内心的变化，当我们做出的判断只对自己有利时，要及时反省，告诫自己"这不是我应该做的行为"，从而尽可能地抑制利己的念头蔓延。

稻盛和夫认为，知足可以帮我们抑制利己心。当然，要做到知足，就需要付出持之以恒的努力，最起码也要做到基于理性的判断。当理性开始呈现，自私的意念就会减弱，正确的判断就会成为可能。

稻盛和夫分享了自己的儿童时代的一段经历。那时候，作为"孩子王"的他一放学就扔下书包，带领小伙伴们到处玩耍。他的母亲常常会为这群顽皮的孩子准备满满一锅蒸红薯当点心吃。在那个贫困的年代,蒸红薯绝对称得上奢侈的美食。

看到热气腾腾的红薯,稻盛和夫正想拿起一块塞进自己嘴里,却忍住这种冲动。他先把红薯分给小伙伴们,剩下的自己吃。

先把红薯分给小伙伴吃,是年幼的稻盛和夫在当时能够做出的最大利他行为了。这种朴素、单纯、微小的行为,就是稻盛和夫利他心的萌芽。

一个人看到别人的需求而抑制自己的个人欲望,这就是利他的表现。换言之,控制住欲望,就等于抑制了私心。当私心被抑制时,利他心就会处于主导地位。

尽管人们内心的欲望有时候非常顽固,总是厚颜无耻地叫嚣着"给我那个""我要那个",但是我们依然要尝试用理性控制这些自私的念头,不断磨砺心性,锤炼利他的高尚人格。并且我们也要懂得知足,让善心、利他心成为心灵的主角,主宰自己的心。

03

意念心：
心不唤物，物不至

稻盛和夫提出了"心不唤物,物不至"的观点。他说:"我们内心没有呼唤过的东西,不会自动来到身边。我们心中所想的,都会作为现象呈现出来。"所谓"心想事成",期待什么,才会实现什么。

心想事成的秘诀，是怀抱强烈而持久的愿望

稻盛和夫根据自身的经验，坚定一个信念，那就是"你内心不渴望的东西，不可能靠近你"。也就是说，你能够实现的，只能是你内心非常渴望的东西。如果内心压根儿没有渴望，就算有实现的能力和条件，也可能实现不了。

我们常说世事不遂人愿，很多事看起来也真的是不如人意。稻盛和夫则认为，不如意的人生也是一个人心念的结果。

人生其实是思维结的果实。根据自身的经验，稻盛和夫坚信：正是内心的渴望，才形成现实中的人生。一个人在做一件事之前，怀着比任何人都强烈的甚至是不惜粉身碎骨的热情，是成功的前提之一。

稻盛和夫在自己还是一名小企业经营者的时候，曾听过

松下幸之助的演讲。

在演讲中，松下幸之助讲到著名的"水库式经营法"。如果下大暴雨，没有建水库的河流就可能发大水，产生洪涝灾害；如果长时间日晒，河流就会干涸。所以，建水库蓄水的目的是减少天气变化对河流水量的影响。经营企业亦是如此。企业在运营良好的情况下要做好储备，准备足够的后备力量，从而保持企业稳定经营。

听了松下幸之助介绍的这一方法，会场里的数百名中小企业家纷纷交头接耳："说什么呢？不正是因为企业没有储备，大家才每天挥汗如雨、恶战苦斗吗？如果有储备，就不用这样辛苦了。我们想知道如何建造这个水库，而你再三强调水库的重要性，这有什么用？"

在随后的答疑环节，有听众质问松下幸之助："我们当然都希望企业能够进行水库式经营，但是现实不允许。如果你不能直接告诉我们进行水库式经营的办法，这场演讲还有什么意义？"

面对质问，松下幸之助面带苦笑说道："建水库的方法我也不知道，但我们必须有不建成水库誓不罢休的决心。"

松下幸之助的话音刚落，大家便毫不掩饰对这一答案的失望。

但是，稻盛和夫并没有感到失望，而是在茫然若失中暗自惊叹不已。在他看来，松下幸之助的话完全是真理。

由于每家企业的情况不同，松下幸之助不能千篇一律地告诉每个经营者如何建造自己企业的水库，但是他强调了企业经营者要树立建造水库的决心。决心，是做好事情的开端。

稻盛和夫说，他有幸听到松下幸之助先生的观点，并且把这些观点当作人生真理。后来，他还把它们作为真实的经验准则，进一步学习掌握它们。

无论是企业最初的创立者还是后面的经营者，想要将自己的公司经营好，就要时刻怀有"渗透至潜意识的强烈而持久的愿望"，这是至关重要的。

案例

法国有一位富翁于临终之际在报纸上刊登了自己的遗嘱。他本是一个穷人，经过不懈的努力，最终成了富人，如果有人能够猜到他成为富人的秘诀，将得到他留在银行中的100万法郎。

消息发布之后，4万多人向报社给出了自己的答案，有人认为穷人缺少的是机会，也有人认为穷人缺少的是技能，还有一些千奇百怪的答案，但是，这些答案都没能让他们拿走富翁的钱。直至富翁逝世一周年，富翁的律师公开了答案：穷人缺少的是成为富人的野心。

戴尔·卡耐基（Dale Carnegie）说："企图心是将愿望转化为坚定信念与明确目标的熔炉，它将集中你所有的力量和资源，带领你到达成功的彼岸。"在企业经营中，经营者经常遇到各种问题，从而感到焦虑彷徨。能否持续将注意力集中在问题上，日思夜想，废寝忘食，直至攻克难题，是关乎事业发展的成败关键。

任何摇摆不定、犹豫不决，都会阻碍自己的发展。开始做一件事之前，必须拥有"我一定能行""我一定要做到"的信念，并不知不觉地将其渗透到自己的潜意识当中，才是把事做成、做好的第一步。

坚持思善行善，命运就会改变

稻盛和夫说："坚持思善行善，是改变命运最好的办法。"无论遇到什么事情，如果能从"善"的方面出发，积德行善，最终的结果必定是好的。

在一次采访中，主持人问："稻盛和夫先生，您今年已经77岁了，能不能谈一谈您过往的经历和体会，并讲一讲您是如何做到心胸豁达、大公无私的。"

稻盛和夫回答："创办京瓷后，我不断思考自己要度过怎样的人生。在思考的过程中，我有幸邂逅了400年前一个叫袁了凡的中国人写的《阴骘录》（即《了凡四训》）。"稻盛和夫表示，这本书让他认识到，每个人都有上天注定的命运，但它并不是像人们认知中的宿命那般不可更改，而是通过后天的努力可以改变的。每个人都会遭遇不同的经历，怎么去描绘自己的愿望，怎么对待自己的经历，都会改变人的命运。佛教将此称作因果报应，即如果你做的都是善事，内心想的都是美好的事，就会得到好的回报。

稻盛和夫认为因果报应不是迷信，并用自己的经历进一步解释了他的观点。他本是一个技术员，开发新产品是他的本职工作，后来经营公司，也开展了全球化的业务，尽管他的经营者智慧还有所欠缺，但无论是做产品开发，还是全球化经营，始终应以人的心灵修养作为基础。必须不断美化心灵，命运才有机会发生转变。

稻盛和夫称，看过《阴骘录》后他才更加明白，即便是在不知道命运的情况下，也要坚持想好事、做好事。

虽然稻盛和夫相信命运是存在的，但是他不喜欢算命，他认为如果知道了不该知道的事情，会让自己的思考变得不自然，只要全力以赴地过好自己的人生就足够了。

所谓善良，善是善意，良是美好，善良就是美好的善意。它就像一缕柔和春风，吹遍田野，春暖花开；它又像一泓清泉，滋润万物，慰藉心灵；它更像月光，让心灵沐浴在一片圣洁的光芒里。

《道德经》有云："夫天道无亲，常与善人。"意思是说，天道不会偏向任何人，但会默默地帮助那些善良的人。我们可以把天道理解为万事万物所依循的规律，而"因果"本就是一种规律。

　　或许你被别人恶意伤害过，也曾经怀疑善良的价值，但要相信当你把善意传递给别人的时候，因果循环，最终善意也会回到你身上，所以要做到"勿以恶小而为之，勿以善小而不为"。"为人有德天长佑，行善无求福自来"，传递善意，就是在成就自己。

思考每个细节，让成功的影像清晰浮现

稻盛和夫说："想要做出一番事业，就需要提前在脑海中描绘自己的蓝图并预见结果，还要在具体实施的过程中反复进行周密的考虑。"

人在做一件事的时候，如果先在脑海挖掘相关的每个细节，让自己有一个清晰的印象，那么做起来大概率会事半功倍。

第二电电一开始涉足移动通信行业时，稻盛和夫就断言以移动电话为主要通信方式的时代一定会到来，每个人都拥有自己的电话号码也会在将来实现。当时，稻盛和夫的这一观点被董事们当作无稽之谈，可他还是坚信自己预见了未来。

不单单是普及性，包括移动电话的发展速度、普及范围、

甚至以什么样的价格、多大的尺寸出现在市场上，稻盛和夫都在脑海中形成了较为清晰的概念。最初流通在市场中的移动电话体积大、分量重，需要使用者扛在肩上，曾被人称为"肩扛电话"，使用起来非常不方便。这时，谁也不敢想象未来有一天，移动电话竟然能变成巴掌大小，而这些完全在稻盛和夫的预料之中。

为何稻盛和夫对移动电话能够未卜先知？他敏锐的嗅觉源于多年从事新型陶瓷制造业的经验。京瓷主营半导体零部件，与电子行业关系紧密，这意味着他对半导体技术的发展、半导体的尺寸和成本变化具有很好的预见性。这就不难理解稻盛和夫何以能预判移动电话未来的发展方向，并且保证相当高的精确度。果然，随着半导体的发展，各种集成电路被压缩得越来越小，移动电话也越来越小巧、轻便，并以惊人的速度在大众生活中普及开来。

除了移动电话的发展，稻盛和夫还预测了未来移动电话的通信费用，包括基本话费、合同话费等模式和价格。当时参与前期会议的事业部部长将稻盛和夫预测的数据进行了详细记录，当手机业务正式开展时，人们发现稻盛和夫的预测与实际情况相差无几。

在稻盛和夫看来，不仅仅是手机，凡是关于产品和服务价格的设定，一般都要考虑市场的供需平衡以及投资额的回收，这样就能通过复杂且精密的成本测算将最终结果推算出来。

稻盛和夫在工作中的表现是令人感到不可思议的，他在工作之初就像是已经看到了工作的结果，仿佛能够预知未来。这并不是夸大其词，而是他通过用心去感受自己所做的工作，在脑海中反复琢磨，分析细节，不断地进行模拟演练，最终得到的结果。由此可见，当我们对某一件事的各个细节有过具体的设想，并且有了清晰的印象后，未来的工作才会较为精准地向前推进，最终呈现出我们构想中的效果。

很多人在见到其他人取得的成就之后表示，如果自己来做这件事一定也会成功。然而，无论过了多长时间，他们依然碌碌无为。

稻盛和夫认为，如果我们主动在脑海中描绘成功的过程和情景，构建一个清晰的、符合逻辑的印象，并着力思考涉及要点和每一个细节，那我们就更容易获得成功。

当然，我们不仅在工作中要有这种态度，在生活中也要有同样的态度。当我们需要达到某个目标时，不妨先描绘该目标最理想的状态，之后添加各方面的细节，再将实现的过程在头脑中模拟演练，直到预见结果为止。

需要注意的是，稻盛和夫之所以强调细节，就是为了避免盲目乐观。这种通过思考推演，让理想和现实重合的预见方式一定要实事求是,不能放过任何与之相关的因素,以及对细节的雕琢,这样才会有利于产生更加精准的结果。

相信自己，瞄准"超过自己能力之上的目标"

稻盛和夫说："要像傻瓜一样坚信自己具有无限的能力。这和头脑好坏没关系，每个人都有无限的潜力。那些看起来不可能的目标，只要努力到位，往往就能实现。"

在设立目标时，稻盛和夫主张设定"超过自己能力的目标"，即自己目前的能力"不能胜任"的、有难度的目标。同时，还要确定实现它的时间点。

当我们设定了高目标并立志实现它时，就会想方设法提高自己的能力，帮助自己在预定的时间内实现这一目标。相反，如果我们根本就不相信自己有这个能力，认为再努力也是徒劳，那就不可能有意识地提高自己的能力，更难以坚持不懈地努力下去。稻盛和夫相信人的能力是无限的，所以才会锲而不舍地努力下去，直到梦想的实现。

1959年4月1日，京瓷在一个租来的破旧仓库里成立。京瓷在创立伊始，的确是一家毫不起眼的小企业，只有28名员工，其中7名员工是随稻盛和夫一起从之前的公司辞职的，其他的员工则是刚刚招聘的高中应届毕业生。稻盛和夫每天都把员工召集起来，对他们说："虽然我们现在还是小企业，但是我们先要成为原町第一，接着成为西京第一，继而成为中京区第一，京都第一，日本第一，乃至世界第一！"

虽然稻盛和夫每天都向大家宣传"成为世界第一"的理念，但按照京瓷当时的条件，即便想成为西京地区第一，也是非常困难的。当时区内有一家他们看起来永远都无法超越的大企业——京都机械工具公司，更不要说，中京区还有因为出了诺贝尔奖获奖者而名声大噪的岛津制作所。那是一家高科技企业，稻盛和夫在大学时研究所使用的分析仪器就是由这家企业制造的。

实际上，稻盛和夫也对要超过这样先进的大企业缺少底气。即便如此，稻盛和夫还是坚持向大家宣传"成为世界第一"的理念。在这一过程中，他并非空喊口号，而是切切实实地向着目标推进。

要实现既定目标，就要付出非同寻常的努力。

京瓷的发展已经步入正轨，却仍然沿用着高目标战略，稻盛和夫的做法遭到一些人的嘲讽和批评。一些媒体表示京瓷"疯"了，并将京瓷称为"疯狂陶瓷"，一些经营者则看不惯稻盛和夫的强硬做派，他们认为京瓷的经营作风过于清苦、苛刻、不人道，要发扬能让员工感到开心的轻松快乐的经营风格。

对于这些批评，稻盛和夫没有理会，因为他知道自己与反对他的人所追求的企业未来是截然不同的。稻盛和夫的目标是开创一个从未有人踏足的、全新的精密陶瓷世界，让京瓷屹立在行业之巅。想要打造这样的企业，就必须做好饱尝艰苦的准备。

设立高目标的意义在于打破认知壁垒。很多人在工作和生活中总是习惯说"我不行，我做不到"，因为他只是以自己现有的能力判断自己。在稻盛和夫看来，这种认知是错误的，一个人的能力并非一成不变，会随着时间的推移改变或提高。因此，我们必须以将来时来审视自己的能力，挖掘自己的潜力，抓住一切可能性。稻盛和夫坚信，如果仅凭自己当下的能力来判断某一件事能不能做，就无法挑战新事业，更不可能实现远大的目标。

曾经担任过日本东芝公司掌舵人的土光敏夫有着与稻盛和夫相似的观点。他推崇"重担子主义"的用人之法：在对员工委以重任时，如果该员工能够扛起100千克的重担，就交给他 120 千克的任务，以激发他的创造力。

然而，无论是高目标还是重担子，都存在一个很明显的问题：员工完不成设定的目标，其自信心和积极性就会受到打击。为了避免该问题的出现，稻盛和夫表示，可以设置两种目标：一种是常规目标，以员工的现有能力为参考；另一种是超常规目标，以员工的未来能力为参考。员工如果完成超常规目标，就会获得额外的奖励，例如高额奖金、出国旅游等。这种以激励的手段实现员工对工作目标转变的做法，给予了员工更多的勇气和信心。

无论身处怎样的境地，我们一定要坚信自己能行，相信自己未来一定能够做到，带着足够的勇气和信心前进，不抛弃，不放弃。在不断尝试之后，我们就会发现，曾经遥不可及的成功，不知不觉中已经近在咫尺。

真正厉害的人，都是自燃型的人

有人向稻盛和夫请教成功的秘诀，他毫不犹豫地回答："成为自燃型的人"。稻盛和夫认为，人若想要成就一番事业，就必须学会自我燃烧，成为主动的人。

稻盛和夫将人分为三种类型：可燃型、不燃型和自燃型。他认为，真正厉害的人都有一个特质，那就是具有自我燃烧的工作热情，要成为自燃型的人。所谓"燃"，可以理解为一个人的内驱力。

他进一步向人们解析三种不同类型的人的不同特质：

可燃型的人的内驱力源于其所处的环境。当整个团队斗志昂扬时，他们在气氛的调动下会和其他人一样充满激情地迎接每一天的工作；当团队盛行懒散怠惰之风时，他们就会开始"摸鱼偷懒"。这类人通常无法自己燃烧，需要某些外界因素点燃他们内心的那团火。

不燃型的人无法被点燃，他们习惯沉浸在自己的工作节奏中，认为周围的一切都与自己无关。在人们眼中，这类人通常是我行我素的。

自燃型的人随时随地都能燃起来，他们自己就是一团火，不用别人吩咐，就能积极主动地工作，同时也会将自己的积极性和活力传递给身边的人。这类人拥有很强的执行力和领导力。

在面对同一个问题时，三种类型的人会做出不同的选择。

一栋居民楼楼道的灯不亮了。

可燃型的人发现了，自己想修却无从下手，只能在纠结中回家。他将这件事告诉妻子，妻子建议：不如打电话让物业来修。他立即给物业打了电话。

不燃型的人进入楼道，发现灯不亮，默默地打开手电筒照明，自顾自地回家了。

自燃型的人进入楼道，发现灯不亮，立刻买来灯泡，并回家取来工具将灯修好。

这三种选择代表了三种工作态度。

可燃型的人被动接受。领导需要工作小组提交一份方案，他会参与小组方案的讨论，主动给出自己的意见，表现出一种活跃的状态。他不会刻意地深究方案的结构和细节，只有当组长将这件事交给他时，他才会将这些内容归为自己的工作范畴。

不燃型的人漫不经心，没有命令不肯行动。当众人讨论得热火朝天时，他总是摆出一副作壁上观的姿态。当被问及对方案的意见时，他也只是随口敷衍，给人一种不参与、不接受、不拒绝的感觉。

自燃型的人积极主动。他会主动归纳小组内所有人的意见，积极罗列关键要素，敲定方向，并根据已有方向给出完整的计划，然后总结分析，直至筛选出一套满足工作要求的方案。

由此可见，自燃型的人的内驱力极为强大。在工作中，他们有明确的规划，知道自己需要做什么、不需要做什么，习惯主动发现问题，解决问题，呈现出积极主动的形象。

任何岗位都不需要依靠别人不停地为他上紧发条的"木偶人"。想要成长，就必须强化自己积极主动的能力和态度，主动发现问题，并积极解决问题，不可事事束手待援。但凡能被称为商业巨擘、行业精英的人，基本上都是自燃型的工作者，对大事小情，都能保持积极主动的态度，尽力做好自己负责的每一项工作。正因如此，他们的能力才会得到验证和锻炼，思维才会迅速发展，眼界才会扩大。

稻盛和夫可以为了新产品的研发，抱着该款新产品一整晚都躺在炉窑附近；沃伦·巴菲特（Warren E. Buffett）每天一进办公室就开始读书，阅读几乎占据一天中80%的时间，数十年如一日；埃隆·马斯克（Elon Musk）在推进某一个项目时，可以几天几夜泡在车间里……正是自燃到了极致，他们才获得了别人无法企及的成就。

工作的内驱力源自一个人的使命感、危机感和成就感。不管选择哪一条道路，都能点燃心中的火，帮助自己及时转变自己的态度，养成积极主动的习惯。

无论做什么事，主动和不主动有很大的差距。有人说："除非别人要他去做，否则绝不会主动做事的人，注定一事无成。"这一观点和稻盛和夫的想法不谋而合。他之所以推崇自燃型的人，就是他比别人更明白，只有主动才能获得更多的机会、更多的可能。

一个人的内驱力会影响其人生的高度。我们应成为自燃型的人，时刻以内心的渴望作燃料，点燃心中的火，努力实现自己的价值，登上人生的高峰。

摆脱内心的忧虑和恐惧，吸引正能量

稻盛和夫说："人生中所发生的一切事情，都是由自己的内心吸引而来的。"

稻盛和夫有两位叔叔和一位婶婶都被结核病夺去了生命。结核病给稻盛和夫带来的恐惧久久不能散去，少年的他非常害怕被感染。

当时感染结核病的叔叔在稻盛和夫家中疗养，他的父亲不怕被传染，并悉心地照顾自己的弟弟。稻盛和夫的哥哥也满不在乎，不以为然地说："不必大惊小怪，哪里会容易染上？"只有稻盛和夫害怕被感染，每天避之不及，不仅不敢靠近叔叔的房间，即使路过也总是捏紧鼻子迅速跑过。结果，父亲和哥哥都安然无恙，稻盛和夫却被感染了。

生病后的稻盛和夫内心更加恐惧、不安。他整日担心自己会像叔叔咳血不止，瘦到皮包骨头，情绪低落到极点。突然，他想起邻居阿姨送给他一本《生命的真相》，书中有这样的描述："我们的内心有一种磁铁，它会将我们周围的刀枪、病魔、失业以及其他各种灾难吸引过来。"所有的灾难都是我们的内心吸引来的。稻盛和夫顿时醒悟，自己之所以被感染，一定是因为自己的内心一直在担忧和恐惧。当然，身患疾病，一定要积极治疗，同时保持乐观的心态，而不是身陷恐慌。

美国演讲家鲍勃·普罗克特（Bob Proctor）说："不管你相不相信，吸引力法则一直在运作，永不停歇。"这有些类似墨菲定律，如果一件事有变坏的可能，不管概率有多小，它总是会发生。

我们该如何应对墨菲定律？转变心态。如果你担心某种情况发生，其实就是自己潜意识里想避开某种情况的发生给自己带来不好的影响，所以会担心。最好的方法是找出自己内心害怕的东西，直接面对它，而不是害怕和逃避它。越是逃避，越容易做不好，也就越容易让事情变坏。当你放下内心的恐惧，坦然面对时，事情反而没有你想象的那么糟糕。

稻盛和夫因为工作出行，在他乘车时总能不可思议地避开拥堵，顺利到达目的地。这样的事情也发生过很多次。

有一次，稻盛和夫要赶往机场。当时距离飞机起飞只有40分钟了，他急忙坐上一辆出租车。司机告诉他高速公路堵车，连普通道路也在堵车，40分钟是不能到机场的。

稻盛和夫则对他说："先不要那么说，请开车吧。"然后，又补一句，"每当我乘车时，道路就会通畅起来。"

很快，就到了拥堵路段。司机开始走小路，并说道："这条小路常常堵得让人头痛，今天路上的车居然这么少，真是不可思议！"

最后，稻盛和夫在规定时间内顺利登机。

每一个人都是一个能量场。如果你的理念、思想和语言，多是悲观的、消极的，那么你多半会吸引负能量；相反，如果是乐观、积极的，通常会吸引更多的正能量。

怀有潜意识中的强烈愿望，才能达成目标

稻盛和夫认为，一个人怀有强烈的愿望，并将其渗透进潜意识中，实现该愿望的热情就会自然而然地涌现出来，这对于达成某个目标具有很好的推动作用。

常言道："念念不忘，必有回响。"当一个人心中所描绘的事物或愿望比任何人都要"强烈"时，该事物或愿望就有很大的概率出现在他的生命中。当脑海中不断重复的念头、内心翻涌的情绪时刻都在推着人们去追求，去争取时，再难以实现的目标在坚持之下，也会被实现。

强烈是指持续地刺激。在实现愿望的过程中，有太多的迷茫、困惑、恐惧，人们会开始否定自己，否定付出的努力，否定这个看似不可实现的愿望。而当人们内心有强烈地渴望

实现愿望时，这一渴望就会瞬间驱散上述想法带来的负面情绪，使人们继续走上追寻的道路。无论是艰辛带来的疲惫，还是阻碍带来的退却，都无法影响他们对于愿望的执着。

京瓷创建之初，稻盛和夫在资金、设备、技术、人才等各个方面捉襟见肘的情况下，通过不断宣扬京瓷要"成为世界第一"的目标，让员工在每天的工作中都充满激情。其实，稍微具有一丝理性的人都知道这种目标是多么遥不可及。可是，随着稻盛和夫不断地重复，越来越多的人开始坚信京瓷最终能够走到那一步。一时间，所有员工众志成城，不惜一切努力去实现这个目标。这就是强烈欲望所带来的驱动力。

相较于领导者不停地感召，稻盛和夫更希望员工能够将自己强烈的愿望化入潜意识中，如此一来，即使不主动接受感召，内心的愿望也会在无形中驱使大家前进。

所谓潜意识，是指在心理活动已经发生但并未被人察觉到的部分，它能在某一个时刻发挥出意想不到的作用。与其相对的则是人们大脑刻意控制的意识，有人将其称为显意识。

以开车为例。由于握好方向盘、轻抬离合器、换挡等开车的各项操作对上下肢的协调配合要求很高，如果仅凭显意识进行切换，不仅操作生硬，还容易遗忘某些步骤。所以，在开始学车时，不少人会手忙脚乱。

新手司机感觉开车很累,是因为在有意识地控制驾驶行为,这会消耗大量的精力,而有经验的司机哪怕开车时间较长也不会感觉疲惫,原因在于他们把驾驶汽车的一系列动作转化为了自己的潜意识。

稻盛和夫在拿到驾照后便带着全家一起外出游玩。一天下来,他累得筋疲力尽,实际上他只是开了一两个小时车而已。而当他成了驾驶技术娴熟、经验丰富的司机之后,在驾驶汽车时并不会感到很疲惫。

如果将愿望和潜意识相结合,就能起到事半功倍的效果。一个人的精力毕竟是有限的,不可能随时随地提醒自己要达到什么样的目标。当内心强烈的愿望渗透进潜意识中时,他一整天都能感到热血澎湃,同时也不会中断手上在做的其他工作。最重要的,潜意识的思考很容易催生灵感,能够完美解决遇到的问题。

此外,潜意识的思考还会引发另一种情况:有选择地读取信息。一个企业家想要扩展企业新领域,希望用这种方式让企业度过危机。由于自己缺乏相应的经验和专业能力,企业也缺乏技术人才,于是,他每天都在思考如何拯救自己的企业。有一天,他去参加同学会,在觥筹交错之际,他居然遇到了自己需要的人才。对方是该领域的专家,但在公司中屡遭排挤,郁郁不得志。企业家向对方讲述了自己的想法,经过一番沟通，双方达成共识，开始合作。

为什么这个企业家能够在同学会上注意到这个专家？这就是潜意识在起作用。请大家认真思考，自己是否有过这样的经历：在同学会上，本来你正在和好朋友交谈，周围嘈杂的环境只会让你觉得很乱，如果不认真听，你根本不知道周围的人在说些什么。这是因为你的显意识正集中在沟通上，如果这时你突然听到了与自己思考的问题有关的一句话，这句话居然能够穿透周围的嘈杂传到你的耳中，这是你的潜意识在一瞬间超过了显意识。如果没有潜意识的存在，你朝思暮想的创意点子、理想人才就会从身边溜走，而你却毫无察觉，从而错失良机。

想要进入任意驱使潜意识的境界，需要一个全身心投入反复持续驱动显意识的过程，如果不肯深思，始终处于一个平淡的状态，这个愿望就很难进入他的潜意识。只有点燃我们内心炙热的愿望，让它像火一样燃烧，才会在不经意间将偶然变成良机，使工作出现意想不到的突破和发展。

04

进取心:
付出不亚于任何人的努力

稻盛和夫说："要想成功也好，走出低谷也罢，都必须付出不亚于任何人的努力，除此之外别无他法。"不少人认为自己已经很努力了，却还是没有实现自己的目标或理想，那是因为他们努力的程度还不够。

每天勤奋工作，比什么都重要

稻盛和夫说："苦难不会没完没了，当然幸运也不会永远持续。得意时不忘形，失意时不消沉，每天勤奋工作，这比什么都重要。"

懒惰是人的天性，有些人一有机会就想放松、娱乐。然而放眼整个自然界，无论是动物还是植物，为了生存都不曾懈怠，哪怕只是柏油路边的一株小草，也在顽强地生长。世间万物都在拼命生长，我们又岂能停下前进的脚步？每天认真地工作，十分重要。

稻盛和夫少年时，日本经济十分低迷，正是在这个阶段他才真正地意识到勤劳的重要性。其中，舅舅的勤劳给他留下了深刻的印象。

稻盛和夫的舅舅小学毕业，没有任何专长，只得以卖菜为生。他每天清晨拉着一大车的菜沿街叫卖，一年四季风雨无阻。一些好事的邻居总是在背后指指点点，嘲讽舅舅没出息，一辈子只能卖菜。舅舅却不以为意，只是默默地埋头苦干。他虽然没什么文化，也不懂经营，却靠着这种勤奋开了一家蔬菜店，直到晚年都经营得很好。

创业初期的稻盛和夫牢记舅舅的勤奋，自己也养成了勤奋的习惯，几乎将所有的时间都放在京瓷的工作上，带领员工为京瓷的未来努力。这种废寝忘食近乎拼命的努力程度引起很多人的不满，他们认为人的身体是有极限的，如果一味地拼命，迟早会有人倒下。

稻盛和夫沉思片刻，给出了人们自己心中已有的回答。他将京瓷的发展比作参加一场激烈的马拉松比赛，在这场比赛中，很多老牌企业不仅拥有丰富的经验和深厚的底蕴，还先于京瓷入场，这些优势意味着这些企业能够轻松地分配自己的体力，完成或赢得这场比赛。京瓷起跑时，不知已经落后别人多少了；要想以业余选手的能力赢得比赛的胜利，按照常规的节奏已然不妥，只有全力奔跑才有胜算。之所以夜以继日地拼命工作，为的就是拉近自己与竞争者的距离，即使最后无法取胜，也要在对方达到终点时，让世人见识到京瓷的存在，而不致淹没在失败的人群当中。当然，他也十分理解反对者的观点，不管不顾地持续工作会加重身体的负担，然而京瓷的发展现状就是如此，如果不能比其他对手更加勤奋，就没有成功的可能。

结果是令人欣喜的。在所有成员每天勤奋工作的情况下，不仅没有人倒下，京瓷也日益强大，最终超越那些一开始领先自己的企业，成了本行业的领头羊。

很多人在失意时会抱怨自己所在的环境不好，以及对手的强大。可是他们有没有像稻盛和夫一样，每天都在勤奋地工作？至少有一部分人并非如此。如果我们暂时无法改变自己，就不要将自己的不幸归咎于其他因素，勤奋工作、努力争取才是这其中的关键。

有人说过这样一句话："在现实生活中，靠天赋能做到的事情，靠勤奋同样能做到；靠天赋做不到的事情，靠勤奋也能做到。"天赋、财富所带来的优势只是一时的，只有勤奋才能保持这些优势。无论前方遇到再多的困难，只要我们保持勤奋工作的态度，再艰巨的任务我们都会完成。

不仅稻盛和夫，世界上很多取得耀眼成就的人都是十分勤奋的人。原一平被称为日本的"推销之神"，有人向他请教成功的秘诀，他没有马上回答，而是脱掉鞋袜，露出布满老茧的双脚，并以此告诉对方自己的成功，是勤奋工作跑出来的结果。

对于年轻人来说，工作占据了每天大量的时间。如果我们选择了敷衍工作，就意味着虚度了人生一半的时间。既然工作不可避免，何必浑水摸鱼，得过且过？不如静下心来，让工作成为人生的一部分，一丝不苟地工作，让自己每一分每一秒都有价值。

懒惰是内心的本性，一旦不加以控制就会流露出来。因此，我们要不断提醒自己，千万不要沉溺在肢体的舒适当中。一无所有是懒惰者的结局，只有勤奋才能获得美好的人生。

绝不将就,把完美作为工作的最高标准

稻盛和夫说:"在制造产品的过程中,即使99%都很顺利,只要最后的1%出现了疏忽,可能就会前功尽弃。为了让自己的努力获得一个好的结果,必须将完美主义贯彻始终。"

完美主义是稻盛和夫的工作信条之一,无论是对产品还是工作,他眼中容不得一丝瑕疵和疏漏。他永远不会自我满足,始终追求事物的极限,喜欢用完美要求自己。这种工作态度对他的一生产生了很大的影响。

稻盛和夫在年轻的时候就推崇完美主义,一方面是严于律己的性格使然,另一方面是多年从事研究开发工作所总结的经验。

完美的意义在于没有终点。工作中的每一分努力和严格

要求都是在使结果无限趋近于完美,而完美的追求也给予工作达到极致的机会。将完美作为工作的最高标准,才有机会让自己在工作中表现得更加出色。

一场精密陶瓷的研发实验就诠释了稻盛和夫对完美的追求。实验的第一步就让稻盛和夫伤透了脑筋。由于缺乏标准的工艺文件,他根本无法理解"粉末混合"的概念。比如粉末的直径要求、不同粉末的混合程度等数据,都需要自行判断。这就导致有人混合了3个小时,有人只混合了20分钟,但他们都表示自己已经完成了混合这一步骤。

当某一个事物存在参照基准时,人们就很容易做出正确判断。比如,混合了20分钟粉末所烧制的产品与同行业相比较,性能相同且相似,就表明粉末的混合程度、烧制工序没有问题;如果数据不同,就意味着某一道工序存在问题,也容易追查问题的根源。

如果没有参照基准,一切都凭主观判断,实验者的态度就会极大影响实验的结果。比如,关于粉末混合问题,不同的态度对应着不同的结果。倘若实验者习惯于自我满足,在实验成功后不再反思粉末混合是否存在不足,就不容易提升品质。

这可能也是大多数人的选择,毕竟在大部分工作当中,能使结果符合标准,就算完成任务了。稻盛和夫却不这么认为,他以完美主义要求自己,哪怕是实验的结果成功了,也仍然会继续尝试发掘不同的混合时间会给产品带来哪些变化,怎么才能更好更快地提升产品的品质等。他以近乎苛刻的追求和探索,通过不断调整,发现了最优的制造方案。

稻盛和夫认为,成功有时候是相对的。新的产品从无到有是一种成功,支撑新产品的技术进行革新也是一种成功,但这些成功都建立在与其他人比较的基础上。在整个行业水平普遍偏低时,这些成功不过是比其他人强一点点而已,对企业而言,只满足于这样的成功是无法做到长久发展的。

优秀与完美最大的区别在于上限的不同。一些人在遇到难以越过的困难时,往往会选择放弃,并以"我已经尽自己最大的努力了"为借口宽慰自己。实际上他口中的尽力不过是一种将就,是一种自认为尽力的状态。一般来说,人们习惯被这种状态所限制,暗示自己已经足够优秀了,只是处境过于困难了些。完美则是一种不受任何因素影响的极致状态,没有上限。京瓷经常制造出超越客户预期的好产品,与他们追求完美的理念是分不开的。

当我们去挑战一项任何人都未曾涉足的研发课题时,都会面临这样的境遇:缺乏前人的经验,没有能够参考的数据资料,一切都要从零开始。整个研发过程要摸着石头过河,要一边大胆地假设,一边小心谨慎地求证。

如果我们在工作中追求完美,精益求精,那么每一个成果都是对我们能力的肯定。在这些成果的积累下，我们对自己的能力也会越来越自信，增强直面困难的决心和魄力。反观那些在工作中持有将就态度的人，他们从未使出过全力，甚至不了解自己的真实水平，在面对困难时，他们很容易自我怀疑，也就缺乏自信者的决心和魄力。

只有不满足于平庸，才能追求最好。尽管没有人能够真正意义上触碰完美，但只要我们以此为目标，不断提升自我，严格要求自己，我们的工作将会更加出色，才会趋近完美。

一定要争取，甚至去抢机会

稻盛和夫说："不是因为有了机会才争取，而是因为争取了才有机会。"

现实中的机会像是一场零和博弈，一个人争取到某个机会，就意味着其他人会失去这个机会。如果我们羞于或怯于争取机会，就等于主动将机会让给了别人，使双方拉开差距。因此，稻盛和夫认为，我们一定要懂得争取，甚至争抢有限的机会。

京瓷在发展中遭遇过多次经济大萧条，比如20世纪70年代两次石油危机、80年代日元升值危机，以及20世纪90年代的经济泡沫破裂危机等。不同于其他的日本企业，京瓷不仅没有因为经济萧条陷入发展停滞状态，反而每经历一次经济萧条期，企业的规模或多或少都会扩大。这一现象的产生，得益于稻盛和夫把握了经济萧条期带来的企业发展机会。

1973年，第一次石油危机爆发，日本市场受到很大的冲击，仅仅半年时间，京瓷的月销售额就锐减到原来的十分之一。即便如此，京瓷依然没有出现亏损的情况。企业的销售额减少，使得大量人力闲置，稻盛和夫并没有像其他企业一样选择裁员，或者让员工待岗，而是让闲下来的员工参与到销售当中去，从而提升了销售额，这一举措也让生产人员了解了销售人员在工作过程中的难处，促进部门之间的和谐相处。

研究人员更是把握住这段空闲的时间，开发新的产品。比如，京瓷开发了一款耐磨损的陶瓷导向圈。此外，稻盛和夫认为萧条期是企业彻底削减成本的唯一机会。当企业处于高速发展期时，没有人会重视成本控制，所有人的目光都紧盯订单和生产，希望获得更好的业绩。而在萧条时期，由于订单减少，想要保持住盈利的状态就要反思当前的制造工艺是否最适用，有没有可能用一些便宜的材料来替换目前所使用的材料，等等。一切都将被重新审视，当所有的问题得以解决时，成本得到大幅削减。

恰恰是稻盛和夫对于萧条期机会的把握，让京瓷的股价在1975年超越了索尼，成为当时的日本第一。希腊悲剧作家索福克勒斯说："机会要靠自己争取，机会是一切努力之中最杰出的船长。"其实，很多人只有在错失机会后才能领悟到自己犯下了怎样的错误。然而，此时的领悟往往于事无补。

懂得把握有限的机会如同在自己的人生中埋下了一颗成功的种子，经过浇水、施肥、捉虫等环节，终有一日这颗种子会结出硕大的果实。能够争取机会，把握机会，才会更接近幸福，可供我们选择的道路也会越来越平坦。只有主动向机会靠近，我们才有赢得机会的可能。

世界上存在着无数的机会，然而每个机会都是稍纵即逝的，只有懂得把握机会的人才能抓住它。当陷入困境时，我们不妨像稻盛和夫一样问问自己，此时是不是隐藏着机会。当我们能够发现常人无法发现的机会时，我们就已经超越了身边的大多数竞争对手。太多的人终其一生都在等待一个最佳机会，直到最后，他们才意识到机会只属于那些主动寻找的人。

我们如果对自己的未来有清晰、具体的计划，不要犹豫，更不要期待有一天成功会主动敲门。只有自己主动努力去争取，才有成功的希望。那些总是抱怨自己没有机会的人往往在等待中错失了良机，只有那些一边孜孜不倦地做着工作，一边从小事中寻找机会的人，才能走得更远。

成功者从来不会等待机会的到来，而是善于寻找机会，把握机会，让机会成为人生中的助力，任何机会都能成为他们手中的敲门砖。

不怕失败，从过去的失败中学习经验

稻盛和夫说："一般来说，人都是在不断的失败和错误中获得成长的，我们不必因此而感到悔恨和懊恼，要懂得从过去的失败和错误中学习经验。"

失败是在所难免的，这并不意味着所有努力都会付诸东流。失败也是成功的一部分——排除一条不正确的道路，让人们离成功越来越近。

稻盛和夫一生中经历过无数次失败。京瓷的核心业务是研发电子领域内的各种微小零部件，而失败恰恰是科研工作中经常出现的情况。

以新型陶瓷研发为例。陶瓷的烧制需要先将原料制成泥坯进行塑形，再放置在高温炉内煅烧。新型陶瓷的烧制温度高达1200多摄氏度，泥坯在高温之下会出现一定程度的收缩，再加上各个方向的收缩程度并不均匀，一不小心就会烧出残次品。

在烧制板状新型陶瓷产品时，稻盛和夫就遇到了很严重的翘曲问题，多次调整后仍然没有解决。关于翘曲问题，已知的文献都没有记载，为研发增加了难度。

为了解决这个问题，稻盛和夫通过实验弄清了产生翘曲的原因：混合原材料在塑形过程中整体受到的压力不均衡，导致很多部位的原料密度差别很大，一经高温加热就会出现翘曲的情况。

找出了这个原因之后，稻盛和夫放弃从实验参数上找答案的办法，而是进行了一次更为简单粗暴的尝试——直接在煅烧的产品上压放重物。依靠这次尝试，最终成功解决了板状新型陶瓷的翘曲问题。

在经历过失败之后，一些人往往会格外恐惧失败。失败的结果并非是对自身的否定，而是对过往做法的一种否定。成功和失败的关系也不是非黑即白那般简单，两者是交织在一起的。

人们在认知受限于短线思维时，就会非常讨厌失败，甚至恐惧失败。可如果从事情的整体影响来看，得到的结论通常不会如此片面了。失败为我们提供了经验和新的选择，只要我们懂得在每次失败后都总结经验和教训，通常可以找到正确答案。

除了认知，人们面对失败的态度也尤为重要。一些人会因失败造成的心理压力变得沮丧、颓废，却不愿意做出调整和改变，这就很容易被失败牵绊住脚步。

稻盛和夫认为，人们并没有自己想象的那么聪明。时代在不断变化，人们却总是重复过去的错误。他在回顾自己人生历程时提到，他会反复问自己：为什么在当时会做出那样愚蠢的决定？正因为这种经常的反省，不仅使他能够更为客观地审视自己走过的路，也能让他不断总结经验，在之后做出更好的判断。

遭遇失败，乃是常事。与其一味沉溺于痛苦，不如换个角度去看失败的价值。把失败变成"学费"，从中总结经验和教训，提高自己的能力，为赢得下一次的成功做准备。

英国著名报人哈罗德·埃文斯（Harold Evans）曾有这样一段精彩的论述："失败是一件很正常的事情，每个人都会或多或少地经历。如果想要取得成功，就必须能把握自己的失败，以失败为阶梯，而不是在失败中沉沦。"失败犹如一把双刃剑，虽然带着破坏性的力量而来，但如果能把它当作老师，它就会成为一种特别的祝福。

我们不必惧怕失败，遇到失败时不妨打起精神，认真总结失败的经验，尽最大努力发挥失败的价值。

每天比昨天进步一点,哪怕微不足道

稻盛和夫说:"在今天这一天中,最低限度是必须向前跨出一步,哪怕只是比昨天更进一厘米,也要向前推进。"

任何优秀都不是与生俱来的,而是源于每天的点滴积累。一个人无论面对什么样的工作都保持积极的态度,主动进行反思和改进,假以时日一定会和其他人拉开差距。正如稻盛和夫所言,微不足道的进步经年累月下来,其带来的改变也是巨大的。

年轻时候的稻盛和夫和大多数年轻人一样,急躁、迷茫,也经常思索工作的意义。进入松风工业后,稻盛和夫被安排研究新型陶瓷,整天泡在实验室中做实验。当时,与稻盛和夫同处于无机化学领域的身边的同龄人,有的已经获得了全额奖学金去留学深造，有的在大型企业丰富了自己的履历，而稻盛和夫只能屈身于一家濒临倒闭，甚至连最起码的专业设备都没有的企业，日复一日地重复着同一个实验步骤。

稻盛和夫自问，假如自己一直这样下去，真的能够研发出像样的成果吗？如果不能，自己今后又该何去何从？一想到这些，他免不了一阵长吁短叹。然而一味地自怨自艾终究于事无补，他开始尝试为自己解惑。一般来说，人们在前途渺茫之时，往往会将自己的目光放得很长远，以雄伟的蓝图和美好的想象冲淡当前的消极情绪。稻盛和夫却反其道行之，以短期目标规范自己的工作态度，不再关心"研究成果""人生走向"等不着边际的目标，而是将当天的工作圆满完成，并且要求自己今天必须比昨天向前推进一步，哪怕只有一厘米，也要有所进步，项目的进度、工艺的改良、技术的提升都在进步的范围内。

稻盛和夫认为，如果自己每天都向着这些具体的目标努力，不管发生什么事，都要全神贯注，让自己有所创新，有所进步，那么在坚持一个月、一年、五年之后，自己就能踏入曾经无法想象的领域。事实也正如稻盛和夫预想的那样，他不仅成功研发出了新型陶瓷材料，还成了日本著名的企业家。

很多人之所以不甘于现状，又无法改变，根本原因就是想得过多，看得过远。一方面在短时间内无法达到自己的最终目标，另一方面又瞧不上当前的工作，每日消极怠工。实际上，人生的每一分每一秒都是有价值的，充分利用好这些时间，才能让自己有脱胎换骨的机会。成长需要积累，无论身处何地，都要保证自己的进步，日复一日地坚持，终有一天我们会变得想象不到的强大。

不断坚持，每天的进步带来的是远超预期的改变。话虽如此，但真正能够坚持下去却是极少数的人。也许很多人一开始都会斗志昂扬地实行自己的计划，可一旦工作中出现了厌烦情绪，就容易将自我要求抛之脑后。只有充分调动自身的工作热情，以意志力压制所有负面情绪，才能坚持下去。

有人说过："世界上本没有失败者，你如果能选择从容地做一件事，并坚持下去，就一定会获得成功。"不论天赋优劣，也不论经验多寡，只要我们能够坚持每天进步一点点，量变引起质变，就会有爆发巨大的能量、取得不俗的成绩的可能。

对于每一个人来说，时间永远是最公平的，它从来不会偏向于任何一个人。在有限的时间内做好有助于成功的每一件事，用自己的进步填补工作中的每一分每一秒，踏实稳重地提升，终有一天我们能够走出一条通往成功的道路。因此，稻盛和夫建议，不妨将一天视为生活的单位，每天都要比昨天进步一点点，日复一日，我们将会遇见意想不到的自己。

以身作则，成为他人的榜样

稻盛和夫说："无论多么激励人心的话语，如果自己不带头执行，就无法凝聚人心。想要别人做事，自己首先要冲在最前面，用行动做出表率，周围的人才会追随你。"

优秀的领导一定是活跃在第一线的，这种工作精神和态度是对员工最好的教育。稻盛和夫自创业开始就秉持这一态度，身先士卒，以身作则，用实际行动感召每一个员工。

在京瓷最困难的时期，稻盛和夫接下了一笔极具挑战性的订单，但他并没有将重担全部压在员工身上，而是自己主动带头解决技术性问题，与员工一起攻克难关。

尽管京瓷众人付出了大量的心血，起初的结果却没能让客户满意。在稻盛和夫的影响下，没有人就此放弃，并且怀着更大的热情投入到研发工作中。每次工作出现问题时，稻盛和夫都会第一时间和技术人员进行研究，解决问题，改善工艺。最终，京瓷完美地完成了这笔订单。

关于领导的职责，稻盛和夫认为最重要的不应该是发布命令或指示，而是要向所有员工传递一种精神状态。为此，稻盛和夫举了一个战争的例子。

前线战事惨烈，士兵们迎着敌人的枪林弹雨，拼命防守着阵地。这时，原本在后方的指挥官冒着生命危险出现在前线战场上，与士兵们并肩作战，这一举措极大鼓舞了士兵们的士气，取得战争的最终胜利。

很多人反驳说，指挥官最重要的作用还是统筹全局，对每一件事都能下达正确的命令，而不是紧盯着一城一地的得失。稻盛和夫并未否定这一观点，只是在他看来统筹全局重要，以身作则同样重要，只不过两者都不可走极端。

稻盛和夫之所以更加推崇领导"在前线与士兵同甘共苦"，是因为一些人往往会机械化地理解运筹帷幄，甚至将其作为自己懈怠、逃避责任的托词。他进一步表示，领导就应该主动拜访客户、争取订单。一个连订单都拿不到的人，又有什么资格去命令其他人多拿订单？

对于领导而言，率先垂范是很有必要的，任何层级的领导都应具备这一品质。仅凭言语是无法打动员工的，只有让员工主动改变自身的心态，才能自然地激发其工作的主动性，这就需要领导走在最前面，用行动为他们树立一个好的榜样。

在临危受命、拯救日航的日子里，78岁高龄的稻盛和夫没有拿一分钱薪水，只是将自己的满腔热情带到了重建工作当中，而这一态度也极大地改变了日航员工的工作态度。稻盛和夫说道："在所有员工眼中，和自己祖父或父亲一般年纪的稻盛先生，正在不计报酬地为拯救日航而努力，自己又有什么理由不努力呢？"

企业讲究风气、氛围，一个积极向上的团队中，即使加入一两个消极懈怠的成员，经过一段时间的相处，他们也会被其他成员感染，变得积极起来。这种转变有时候不需要领导告诫、训斥，也不需要规定约束，员工一旦从心底认可某种行为，就会自发地加入。比如，领导希望员工不要迟到早退，自己就要以身作则，起到榜样的作用，而不是将自己安排在规则之外。如果员工每天准时到公司工作，而领导却日上三竿才到公司，势必引发员工的不满，也就无法营造良好的工作氛围。

领导想要员工在工作中达到自己想要的状态，就要起到表率作用，即使是自己不喜欢的工作，也必须用积极的态度带头去做。否则，即使花费再大的力气对员工进行思想教育，也不能让员工从心里认可。

　　以身作则是一种态度，领导只要时刻谨记：无论事情大小、困难高低，将其视为必要行动，就能创造出一种氛围，带动所有人和自己一起行动，这种精神和态度才是对下属最好的教育。榜样的力量是无穷的，它能够带着某种精神和态度直抵人们的心灵，促使他们向榜样靠近。

成为努力工作却"心怀不轨"的人

稻盛和夫说:"如果要说我成功的原因,大概就是这一点,也许我的才能不足,但是,我有一条单纯且坚强的追求自我极限的指针。"

稻盛和夫依据自己的人生观总结出一个关于成功的公式:人生成就＝能力×热情×态度。在影响人生成就的三个要素中,态度尤为重要,而最有潜力的人莫过于努力工作却"心怀不轨"的天才。

努力是实现目标的必要过程,而"心怀不轨"则是反词正用,指的是不甘止步于某一个阶段。稻盛和夫能从一个鹿儿岛的普通人成长为享誉世界的经营大师,这种不满足现状、积极挑战自己的态度起到了至关重要的作用。

京瓷在创建之初，前景并不明朗，无论是员工经验还是设备实力，都远逊色于同类企业。当时，摆在稻盛和夫面前的选择有两个：要么稳扎稳打，从一些基础性强、难度不高的产品入手；要么迎接一项不可能的挑战，接下松下公司显像管零件 U 型绝缘体的订单，使企业一鸣惊人。

由于松下公司对产品的要求极为严格，京瓷很多成员认为，盲目接下这笔订单存在着极大的风险。那时的京瓷还不具备满足松下公司的高质量要求的实力，这对当时的京瓷来说无疑是很大的挑战。所以，这是一个完全吃力不讨好的项目。稻盛和夫却不愿就此屈服，他认为凡事都有一个开始，不能总是遇难而退，京瓷想要腾飞，成为行业内的领先企业，就必须重视每一个挑战。于是，他力排众议，接下了松下公司的订单。之后又带领大家经过不懈的努力，成功交付了订单。事实证明，这笔订单带给京瓷的影响是巨大的，让京瓷在行业内打响了名气，从而顺利进入快速发展期。

后来，京瓷的成员开始激增，达到百人的规模。此时的稻盛和夫既负责研发产品，还要兼顾经营工作，分身乏术，繁重的工作让他苦不堪言。为此他琢磨出一套全新的经营方式：将企业内的成员划分成多个小集体，选拔领导，分配各种职能的人员，让他们全权负责项目的开发和运营，充分放权。这一举措不仅极大减轻了自身的压力，还调动了员工的工作积极性,这就是后来著名的"阿米巴"经营体系。

无论对个人还是对企业,稻盛和夫都做到了"心怀不轨"。对于任何人来说,闪耀着光芒的人生,拒绝的不是平凡,而是平庸。梦想的意义就在于指引,它能为人们指明方向,能向人们传递一种对美好未来的期望,从而催生源源不断的动力。敢想敢做,才能遇见最好的自己,千万不要轻易停下前进的脚步。

"不想当将军的士兵不是好士兵。"在做好本职的工作的同时也要为自己未来的发展设下预案,不能浑浑噩噩,不思进取。

> **案例** 相传拿破仑要求所有的士兵都在行军背包中放一支用于指挥战斗的指挥杖,这一举动帮助所有士兵树立了一个远大的志向,那就是在自己将来的某一天也能够成为元帅。而且,拿破仑军中的20多位元帅基本上都是平民出身。所有士兵都相信,只要自己足够努力,也许下一个元帅就是自己。在梦想的鼓励下,士兵们士气高昂,每次战斗都浴血奋战。

人的潜能是巨大的,而实现目标,本质上就是不断挑战自我,从而激发自己的潜能。如果一个人总是习惯不设目标,不谋求改变，他会始终在自己最初的水平上徘徊，难有任何进步。如果他总是挑战自己，即使在先天条件不足的情况下，通过努力和成长，他也会变得越来越强大。人生本就是一个不断追求的过程，心有多大，舞台就有多大。当一个人心怀梦想时，他才能铆足了劲去冲锋，去奋斗。反之，甘于平庸，人可能会陷入自我满足之中，踌躇不前。

想象一下，虽然我们平日里做着不起眼的工作，但内心一直对自己有着更高的期望，而这些期望都将成为我们努力的动力和方向，支撑我们远大的梦想。持续地努力下去，我们的梦想就有可能变成现实。

因此，我们不妨大胆一点，让自己成为一个"心怀不轨"的人。如果我们目前的情况尚且不尽如人意，或者实力还有所不足，那就先将这个想法埋在心底，让它慢慢生根发芽。

05

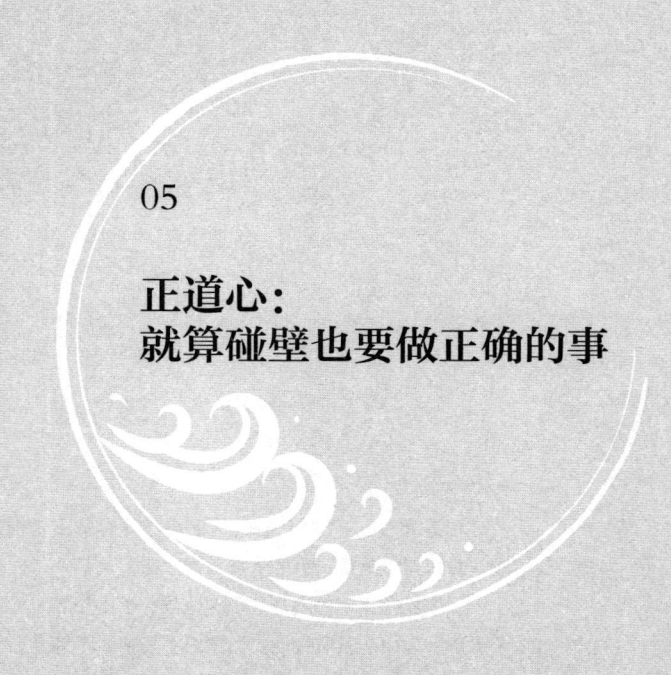

正道心：
就算碰壁也要做正确的事

稻盛和夫说:"如果相信是正道,就要坚决贯彻到底。明知困难重重,也要坚持贯彻正道。"

正道就是正确的道理。任何时候,都要坚持以"是否正确"为标准采取行动。对恶,不妥协,不迎合。

做自己认为对的事,不迫于外界压力而改变

稻盛和夫说:"不管面对怎样的困难局面,一定要坚守正道,不讨好迎合别人,不圆滑处世,更不随便妥协、丧失原则。"

面对外界强大的压力,仍然不偏离原则立场,坚持做自己认为对的事,是最为难得的。稻盛和夫就是一个能够坚持原则的人,而这和他在小学时期的一次经历有关。

新学期开始,班主任都会进行家访。但稻盛和夫发现,老师家访并没有对学生一视同仁。

有一次,稻盛和夫在家门口等了很久,老师还没来。他就偷偷溜到老师正在家访的同学家里,想看看老师还要待多久。

这个同学的家庭条件比较好,稻盛和夫看到老师正坐在

屋里，一边吃点心，一边和同学的妈妈聊天，非常亲切有礼。老师坐了很长时间才起身离开。这让稻盛和夫非常羡慕这个同学的待遇，他非常期待老师也能这样对待自己。

没想到，他等了好久才盼来的老师，只是站在门口和母亲简单聊了几句，就匆匆离开了。

后来稻盛和夫发现，只要是家境比较好的同学，老师都会到这些同学的家里坐上很长时间才走；而对于家境贫寒的同学，都只是在门口寒暄几句了事。

这让稻盛和夫非常反感和愤怒，觉得老师太不公平了。自从发现这个区别后，稻盛和夫觉得老师不公平的地方越来越多了：老师对家境好的学生总是亲切有加，而对家境不好又调皮的学生就爱搭不理；家境好的学生在课上举手提问时，老师很耐心地给予解答，家境不好的学生提问时，老师就毫不理睬。

稻盛和夫彻底愤怒了。他毫不畏惧地反问老师，为什么不公平，给他们特殊照顾。

老师很生气，对稻盛和夫严加训斥，而稻盛和夫却不肯向老师道歉认错。老师就把他的母亲叫到学校，当着母亲的面列举稻盛和夫的罪状。

回到家后，稻盛和夫担心父亲会怪他，没想到父亲不仅没有批评他，反而表示理解支持。从此，稻盛和夫坚信一个信念：只要是自己认为正确的事情，就要坚守原则，不因任何外在压力而改变。

在工作中，稻盛和夫一直坚持贯彻正道，坚持正直的人生态度，哪怕遇到再大的压力，也没有想过妥协。

稻盛和夫在松风工业工作的时候，因为独自开发的新材料获得了成功，公司就新成立了特瓷科，专门用这种新材料生产产品。稻盛和夫则被任命为科长，他当时只有20多岁，有不少比他年龄大的下属。

由于战后企业亏损，松风工业的工作待遇很差。员工缺乏道德观念，对工作也缺乏热情。为了赚取加班费，大家习惯在白天放慢工作节奏，把应该在白天做完的工作故意拖到加班才完成。

稻盛和夫却容不得偷懒懈怠的人，每每严加斥责。有前辈劝他说："虽然你说得对，但是太严厉了，下属就会讨厌你，你要体谅他们。"尽管对方说的话不无道理，然而稻盛和夫思虑再三后，认为自己没有做错。既然自己没有错，那就必须坚持。面对无法预知的困难和挑战，稻盛和夫越发坚定，这如同孤身攀登悬崖绝壁，异常很难，但不管耸立眼前的壁障多高、多坚固，他也决不迂回。

他在特瓷科宣布了"禁止加班"的规定。眼看着别的部门磨洋工还有加班费，自己拼命干活儿却不能多拿一分钱，下属们怨声载道，一致反对稻盛和夫的规定。他们认为，稻盛和夫并不是公司的高层管理人员，却比老板还苛刻，这不是欺负员工吗？

稻盛和夫知道自己不是高层管理人员，没有权力制定规定，但他坚信他的想法会让他们的产品质量有很大的提升，而该产品的成败决定了企业的生死存亡。所以，稻盛和夫顶住犯众怒的压力，没有退让。

稻盛和夫每天晚上都会向下属宣讲自己的理念。他说："我们现在虽然辛苦一些，但不加班，没有加班费，产品的成本会降低一些，产品的竞争力就会增强，未来一定会吸引大量订单。到时候，就是不想加班，也得请大家来加班。为了未来更多的订单，我们要努力忍耐。"

一开始，大家也心有不甘，可随着环境的变化，大家逐渐认同了他的观点，也变得和他一样分秒必争地投入工作了。公司其他部门认为特瓷科简直就像一支特种部队。后来，松风工业扭亏转盈，大家的待遇都提升了，那些曾经反对稻盛和夫的人终于理解了他的一片苦心，承认了他的高瞻远瞩。

稻盛和夫一直坚持把自己相信的正道贯彻到底。在这条道路上，他瞄准山顶，全力以赴，一步步攀登。在攀登山峰的过程中，有人反对自己，有人掉队，有人中途退出，这会带给他一股巨大的恐惧感和孤独感。然而,即使被反对、被孤立,稻盛和夫始终坚持自己的原则,没有妥协。

远离歪门邪道，对舞弊违法行为零容忍

稻盛和夫说："坚持底线不作恶，对虚假和欺骗零容忍。"

稻盛和夫说自己在各地拓展业务时，看到一些人为了一己私欲利用工作之便牟取利益。他认为这些人的做法实在是可悲可叹。

稻盛和夫认为，一旦发现有人利用职务之便捞油水，必将对其严惩不贷，哪怕是一件小事情，也不能纵容。微小的违规行为如果被纵容，终有一天会变得严重，酿成大错。企业家不能把员工培养为卑鄙之人，使他们误入歧途，犯下罪孽。

《资治通鉴》提到："德胜才，谓之君子；才胜德，谓之小人。"意思是德行胜过才能的人，才称得上君子；才能出

众却德行有亏的人，是小人。德行不正，才能越大的人，危害越大。心术不正，即便才华横溢，也不能被重用。

除此之外，稻盛和夫不能容忍徇私舞弊的另一个原因是，这种行为会对公司其他人产生不良影响。试想，一个人在工作中非法获取了个人利益，同事知道后会怎么样？要么模仿学习，要么因无法效仿而心生嫉恨，这都不利于团队的建设。稻盛和夫一向重视员工之间的团结，一直以心为本经营京瓷，他非常注意公私分明的处事态度。

在京瓷，不仅财务部门的票据采用"一一对应的原则"，其他接单、发单，以及其余种类的票据处理，也都采用这条原则。得益于此，京瓷虽然规模扩大不少，在管理上却没出过大错。

不过，就算是自认为万无一失构建的企业管理系统，也无法完全避免徇私舞弊的发生。比如，一些企业频繁出现违法违规丑闻，或许并不是因为企业的管理制度不健全，而是企业不把徇私舞弊当作一回事。这些企业对徇私舞弊的行为睁一只眼闭一只眼，即使发现了，也会稀里糊涂地放过。员工发现别的同事有不正当行为，不敢质疑，怕对方怀疑自己也有不正当的行为；管理层发现了企业中某种不好的行为，可能会担心自己的狐狸尾巴被别人揪出来，或者担心牵连更多的麻烦事。大家的手脚都不干净，多少都存在问题，经不起查证。处在这种环境下的人,在发现问题时不但不干预,甚至还会主动帮忙掩盖和隐瞒。

在这种风气之下,指出别人的不合理行为反而被认为是背叛。在这种充满着堕落气氛的组织里,诚实正直的人也会失去认真工作的积极性。久而久之,从一个小小的伤口开始慢慢蔓延,整个组织都会化脓变质,必定会动摇企业的根基。所谓"千里之堤,溃于蚁穴",微小的隐患终将酿成大的灾难。

稻盛和夫认为,如果企业内充满正气,大家都一身正气,一旦某个员工出现违规行为,就会立即招致其他人的反感,成为众矢之的,受到严厉的惩罚。

另外,有些企业为了让业绩看起来漂亮,不惜篡改数据做假账、发布虚假报告,导致组织内部腐败。因此,稻盛和夫认为,企业经营者要有严格自律的伦理观。他认为的伦理观,简单来说就是"做人正直,不撒谎,不骗人"等朴素的道理。

想必很多人会说,这种道理人人皆知,有什么可讲的?我们要明白,知和行是两回事,知道不代表能做到。头脑里知道的内容,如果没有化为素养,也没有外化为行动,一旦遭遇情况,可能无法做出符合伦理要求的行为。因此,为了杜绝徇私舞弊的行为,企业经营者要秉持以高度道德观、伦理观为基础的经营哲学，比如，"注重公私分明""尊重公平公正""贯彻公平竞争的精神"以及"光明正大地追求利润"等条文，都是京瓷规章制度的核心内容。

在稻盛和夫看来，京瓷能够成功，很大程度上是因为有这样明确的经营哲学。更重要的是，包括稻盛和夫自己在内的所有京瓷人一直在真挚地、一丝不苟地、持续地实践、贯彻这种哲学。

除了严格遵守这些准则，稻盛和夫还坚持以心为本的透明经营方式。所谓透明，主要指的是公开，比如公司现在有多少订单，利润是多少，这些利润将如何使用，目前公司的处境，公司的规划及目标……这些内容不仅向管理层公开，也向基层员工公开。

稻盛和夫认为，这种透明经营能够在员工和企业经营者之间建立信赖关系，统一员工的方向，凝聚员工的力量，能够让员工和企业一起克服在前进过程中遇到的困难，从而实现既定目标。在透明经营的过程中，企业经营者必须以身作则，保持光明正大的工作作风，杜绝挪用公款吃喝和随意招待等行为，才能更好地树起企业的正气。

总之，企业将道德规范作为经营哲学，营造"正义胜过一切"的风气，贯彻透明经营的理念，采取"一一对应原则"，就可以消除许多舞弊违法的行为。

贯彻正道,是必定会成功的信念基础

稻盛和夫认为,贯彻正道的过程中,表示支持的人往往很少,而以"你装什么正义"的语言诽谤中伤的人,以及拖后腿的人则多得多。即便如此,贯彻正道的决心也不可动摇,正确的事情还是要坚持贯彻下去。

在坚持正道的路上,不会一帆风顺,甚至可能会遭遇巨大的挫折。

稻盛和夫认为,企业经营者要把自己的工作做好,企业发展好了,大家受益,自己才能得到回报。这在他以往的工作中得到了印证。在松风工业工作时,他老是和那些发动罢工的工会干部意见不一致,并且经常批评对方做得不对。有时候一件事情就会成为进一步激化双方矛盾的导火索,这为他自己带来很多困扰。

稻盛和夫管理的部门有一个只顾自己利益的员工，每天牢骚满腹却不认真工作。在多次劝导对方无果后，稻盛和夫忍无可忍，告诉对方："我们部门不需要你了，你辞职吧。"这个员工以稻盛和夫无权解雇自己为由，去工会控诉他。许多工会成员本来对稻盛和夫有诸多不满，借此专门成立了调查委员会，在查证了稻盛和夫各种所谓的罪状后，对他进行批判。

稻盛和夫坚信自己没有错，毅然进行反驳。最后，不得不由公司干部介入仲裁。

然而事情没有就此结束。当天晚上，稻盛和夫在回宿舍的路上被一群工会的人殴打，他的额头被玻璃割破。当这些人认为稻盛和夫不敢来公司时，稻盛和夫头上缠着绷带，照常来公司上班。

稻盛和夫认为，因为自己走在了正道上，困境才会降临，这正是上天赐予我们的考验，更好地磨炼我们的灵魂，净化我们的心灵。

稻盛和夫一直奉日本明治维新时期的领导人西乡隆盛为精神偶像。西乡隆盛是日本武士道精神的代表，曾提出："行正道者必遇困厄。无论立何等艰难之地，无论事之成败、身之生死，志不稍移也。"意思是，贯彻正道做事的人，一定会遭遇很多艰难，但无论如何都不应该动摇。

坚持正道的稻盛和夫虽然为公司创造了利润，却一直被公司的一些人视为眼中钉。在松风工业的第四年，他被提拔为科长，率领科室成员在工作中取得了重大突破。有些人就不高兴了，想要接手他的研究项目。稻盛和夫把事情的原委详细地写在了给他父亲的信中。他还告诉他的父亲，公司的经营越发困难，出现了大量裁员的情况。除了自己领导的科室，没有一个部门盈利，公司也没有重振公司的方案。问题堆积如山，社长和部长一级的干部却不作为，态度消极，反倒需要自己给他们打气。这些人自己经手的项目都失败了，却想着抢走自己的功劳。他们不允许稻盛和夫做他视若生命的研发环节，只让他做试制品。他们想中途拦截稻盛和夫科室的研究工作及500万日元的研究经费。稻盛和夫感叹，如果自己的研究成果被这些人夺走，自己及科室多年来的努力就会前功尽弃。

最终，稻盛和夫无法容忍，向公司领导递交了辞呈。尽管领导恳求他不要辞职，并向他做出只要撤回辞呈就加薪的承诺，但稻盛和夫还是为了坚持自己的信念，毅然拒绝了。这封信一直被他的父母珍藏，后来又以遗物的形式回到了他的手里。再次翻看时，稻盛和夫回忆起了当时的愤怒与无奈。信中还讲述了京瓷的筹备情况，那段时间是他人生的多事之秋。他在信的结尾写道："请父母不要为我担心，两到三年后，新公司一定会发展得很好,在此之前还需要多忍耐。"

哪怕不受欢迎,也要坚持正道,这就是稻盛和夫年轻时候的性格。他觉得自己没有其他能力,只能沿着自己认定的道路,一心一意地向前走。也因为他认定自己是在贯彻正道,才具备了一定会成功的、不可动摇的信念。

不为诱惑所动，坚持正确的原则

稻盛和夫说："在巨大的利益诱惑面前，我告诫自己不要起贪念。我内心从未有过丝毫动摇。"只有守住内心的闸门，才能经得住诱惑，守得住繁华。

那时候，日本尚未完全走出泡沫经济的阴影。一些企业为了利润，争先恐后投机房地产。他们认为，只要把土地所有权转卖就能让资产大大升值，并且预计行情还会继续上涨。为此，许多企业不惜向银行借贷巨额资金投资不动产。

经过多年的辛苦打拼，此时的京瓷已经手握大量的现金流。很多人都劝稻盛和夫也投资不动产。稻盛和夫却认为，仅仅把土地从左手转到右手就能赚大钱，天下是不会有这种好事的；即使有，也不过是一种浮利，它们来得容易，去得也会快。而且，持有房地产一定能升值，在经济学原理上也是说不通的。

稻盛和夫果断拒绝了投资房地产的建议。面对巨额利润的诱惑，他一直坚守一个单纯的信念——"只有流汗出力，靠自己辛苦打拼赚来的钱财是真正的利润"，这也是他一贯奉行的做人做事的哲学。

> **案例**
>
> 有这样一则寓言：一只老鼠偶然掉进米缸，里面的大米让它欣喜若狂，认为从此可以高枕无忧了。于是，它每天就在米缸里吃了睡，睡了吃，日子过得好不自在。而它对于米缸里的米正在慢慢变少这一现象毫无觉察。
>
> 直到有一天，米缸里的米终于吃完了。老鼠想从米缸里出来，才发现米缸那么深，自己根本出不去，最后饿死在缸里。

稻盛和夫说："我们本来不应该被各种诱惑所打败，但由于人性的弱点，我们有时仍然会输掉这场战斗。"很多人就像案例中那只掉进米缸的老鼠，在诱惑面前忘乎所以，因此丧失了正常的判断力。哪怕事情看起来不合常理，他们也察觉不到，还以为捡了大便宜，实际上正在往火坑里跳。

因此，面对诱惑，我们要坚持正确的原则。稻盛和夫认为，原则既是坚强意志的源泉，却又很脆弱。如果我们不能时刻提醒自己，告诫自己，就会轻易地忘掉原则。

这个世界充满了各种诱惑，我们凡人每天都在和欲望进行拔河比赛，出家人也一样。稻盛和夫认为，为了摆脱烦恼，佛祖释迦牟尼制定了各种戒律，要求修行者时刻严格遵守，就是所谓的"持戒"。

即便是经历了各种严格要求的修行之人，有时候也难免在诱惑面前坚守不住而破戒，这是人性的弱点。稻盛和夫认为，人生之旅就像走过充满诱惑的地雷阵，穿梭其间，难免会触碰到地雷。所以，我们才要不断修炼自己的内心，确保自己不被各种诱惑打败。

1997年，稻盛和夫在医院被确诊为癌症，得到消息，他立即回到公司宣布了三个决定：一是辞掉董事职务，二是出家修行，三是把自己的股份全部分给公司员工。做完手术，他就在京都的圆福寺出家了。

稻盛和夫的出家绝不是逃避，而是真的苦修。在寒冬腊月，他凌晨3点起床打坐修行，吃的是一菜一汤。和其他修行者一样，他头戴斗笠，身披僧衣，光脚穿草鞋去化缘。由于走得太久，双脚磨出血泡，饥肠辘辘，他也不以为苦。

稻盛和夫说："人真正的能力是抑制欲望。" 2010年，时任日本首相的鸠山由纪夫找到正在修行的稻盛和夫，请他出山挽救日本航空公司（以下简称"日航"）。日航原是世界第三大航空公司，因为亏损2万亿日元而面临破产的危机。

面对这样的邀请，任何人都会考虑开价码提条件，稻盛和夫也提出一个条件，只是他的条件与众不同：不要任何报酬，他一个人去。后面的事，众人皆知：经过424天的运营，日航摆脱了危机，扭亏为盈，还在一年内创造了1884亿日元的利润。

日航恢复生机，稻盛和夫便卸任职务，回寺院继续修行去了。

人世间的诱惑无处不在，我们要做的就是守住内心的原则。只有这样，我们才不会在变化莫测的人生中迷失方向。

人生如同一只小船，如果禁不住金钱、美色、地位、名誉等诱惑，就很难向着既定的目标前进。稻盛和夫告诉人们，人生是一场心灵的修炼，只有将内心的欲念放下，才能不被束缚。

坚决远离心术不正之人

只要进入社会,就会遇到各种各样心怀恶意的人。如果遇到心术不正、把你当猎物的人,该怎么办呢?稻盛和夫认为,最好的方法就是远离对方,不与他发生交集。

心术不正的人喜欢说虚伪的话,喜欢张扬别人的丑事,擅长落井下石,做事阴险狡诈。遇到这样的人,我们一定要远离。然而他们并不会将恶意表现在脸上。我们该如何识别这种人?稻盛和夫提供了一些方法。

稻盛和夫认为,一般来说,和坏人交往你是能察觉到的。比如,有人甜言蜜语地向你介绍一些似乎可以轻松赚大钱的项目,你马上就能感觉到对方不靠谱:"这个人好奇怪""他明显是在忽悠我""他好像是想骗我的钱"等,如果内心有了这样的声音那就需要提高警惕了。当然，你可以微笑着拒绝并保持一定的礼貌："谢谢你，不用了""我很忙，实在抱歉"等，然后果断离开。

你一旦犹豫，或者表现出一点点动心，对方就会认为有机可乘，向你许下更大的利益来诱惑你，你就一点点地落入他的圈套。最后，你只能向别人哭诉自己的遭遇："我被骗了。"其实，坏人的花招并不难识破，重要的在于我们能守住自己的心，能抑制自己的贪念。

稻盛和夫说，为了不被伤害、欺骗，一旦你有"这个人心术不正"的感觉，或者发现对方心怀叵测，最好的办法就是远离对方，或者不再与其来往。

稻盛和夫一旦听到有人给自己介绍看起来稳赚不赔的商业项目，都视为"恶魔的耳语"，坚决不去理睬。

另外，也有人认为，不能便宜了这些坏人，要让他们付出一些代价才行。于是，他们根据对方的行为，绞尽脑汁想出一些对策，和对方暗中较劲，恨不得将对方除之而后快。

稻盛和夫则认为，遇到坏人，最不应该做的就是和对方玩阴谋诡计，去损害对方的利益。他认为，一旦我们这么做了，我们自己的心灵也会变得和对方一样肮脏不堪，堕落到与他们一样的水准。

古人云"近朱者赤，近墨者黑"。对此，稻盛和夫深表赞同。他说，和一个心术不正的人交往，短期来看似乎身边只是多了一个坏人，而一旦你和对方玩弄阴谋诡计，当你的心已经开始变得不纯洁，你也变得心术不正时，随着时间的推移，你身边的坏人往往也会越来越多。

如果遇到了心术不正的人，就不要和对方纠缠，找个理由不再与他见面即可。如果无法完全断绝关系，比如你与对方是同事，抬头不见低头见，一旦断绝得太干脆，对自己也不好。那就记住稻盛和夫建议我们的一个原则：只打招呼，不聊天。打招呼是为保持基本的礼貌，不聊天是避免被他影响。

"心不唤物，物不至"，这一法则非常适用人际交往。稻盛和夫认为，一个人必须不断磨炼自己的心，只有心变得纯净了，才会吸引心灵同样纯净的人。同样，只有自己胸怀坦荡，才能吸引许多光明磊落的人。

以善恶为标准，不会把公司引向错误的方向

稻盛和夫曾经说过："人们判断事物的标准大致可以分为两种，一种是按照得失来进行判断，另一个是按照善恶来判断。"他认为，在判断事物或者做决策时，我们不应该把得失作为标准，而要以善恶作为标准。

稻盛和夫确信，以善恶为标准，至少不会把公司引向错误的方向。他总是对下属说："我做出的判断，不是从公司的利益出发的，也不是从我个人的利益出发的，而是从做人的角度出发的。如果你们认为我做的符合为人处世准则，请大家一定跟随我。"

稻盛和夫一直努力坚守这个单纯的判断标准，并在企业经营中付诸实践。

前文提到,年逾古稀的稻盛和夫受命拯救日航,复杂的局面让他再次感受到了"以善恶为标准"判断事物的正确性和重要性。

世界上大多数航空公司在业务上相互联结,形成了一种协作关系的联盟。当时,国际上存在三个航空公司联盟组织,分别是星空联盟、天合联盟、寰宇一家,其中,寰宇一家是规模最小的联盟组织。

日航加入的是寰宇一家。在日航重建时,很多人呼吁日航退出寰宇一家,加入规模更大、优势更大的联盟。有一个联盟直接表示欢迎日航加入,并提出了极为优厚的准入条件。一时间,公司大部分人都认为日航会接受该联盟的邀请。

稻盛和夫一开始听到这个消息,就感觉不妥当。于是,对于到访的两家联盟,他分别安排了会面。事后他和日航内部的相关人员说:"我是航空业的门外汉,不懂具体事务。但不管发生什么事情,重要的是以'作为人,何谓正确'为基准对事情做出判断。"

稻盛和夫进一步阐述了自己的观点。

第一,如果公司转会到其他航空联盟,寰宇一家可能会受到损失。稻盛和夫认为,在寰宇一家没有过失的情况下,日航退出联盟,终止合作,不符合"作为人,何谓正确"的行事标准。

第二，如果日航加入其他航空联盟，一直选择日航航班的乘客可能会失去原有的优惠。对于一直支持日航的乘客来说，让他们受损失也是不正确的。

在阐述了自己的观点后，稻盛和夫要求大家再次郑重考虑。他说："大家考虑后得出的结果，我将会遵从，并对其负责。"

在之后的几天，日航相关人员进行了激烈的讨论，最终得出了仍然留在寰宇一家的结论。稻盛和夫表示，自己并非绝对反对转会，而是想督促大家在进行判断时，不仅要思考得失，还要从道义上考虑该判断是好是坏。

在刚开始经营企业时，稻盛和夫经常对下属说："一个问题发生后，在寻找解决方案时，开始浮现在脑子里的想法都是基于自我、欲望或感情的。除非是圣人，否则我们很难从善恶的角度直观地做出判断。所以，我们不能在一开始就下结论，应该先放一放。"稻盛和夫认为，这种缓冲是十分必要的，暂时放下最初的判断，对照善恶的标尺好好衡量，重新思考问题才有可能防止我们做出错误的决定。

实际上，人们遇到事第一时间用本能、感性做出类似"就这样去做吧"的判断，常常是错的。比如，当看到一个人时，我们瞬间做出"他是怎样的一个人"的判断，或者"我不喜欢这个人的样子""我讨厌这个人的做法"等类型的判断，是感性的判断,这些往往会因为自己太主观而做出的误判。

感性的判断不全然对,那么理性的判断又是否准确呢?一般来说,理性的判断具备条理分明,思路清晰的特点,看起来逻辑通畅,很有道理。稻盛和夫却认为,不管理性多么有逻辑,这个逻辑也仍然是基于本能和感性做出的,所以不具备对事物做出决断的功能。做出正确的判断,依靠的不仅是自己聪明的头脑和丰富的知识,还离不开心中持有的"善恶的标准"。

那么,"善恶的标准"是从哪里来的?稻盛和夫表示,从灵魂深处来,是"发自灵魂的判断"。在人灵魂的最深处的核心部位存在着"真我"。所谓"真我",用真善美来形容最为贴切,它象征爱与和谐,纯粹与美好。"发自灵魂的判断"归根结底,就是以"作为人,何谓正确"为基准做出的判断。

稻盛和夫之所以能一辈子坚守这个准则,和他母亲的教育是分不开的。他的母亲经常教育孩子们:"不管什么时候,都要记住'举头三尺有神明'。哪怕独处的时候,没有任何人看到的情况下,也要明白'神佛'正在看着自己,所以要行为端正。如果一时心智迷乱,想做坏事,就在心里念诵'神在看我''神在看我'。"母亲的这段话深深地印在了稻盛和夫的心里。

稻盛和夫时刻提醒自己,必须努力坚持正确的为人之道,要无愧于心,无愧于天。他认为,自己在经营上能一步步扎扎实实走到今天,离不开这些准则和母亲的教育。

06

反省心：
最好的心灵修行

稻盛和夫说："要想获得美好的人生，就要坚持每天反省，磨炼自己的心灵和行为。"詹姆斯·埃伦把心灵比作庭院，认为如果不在里面种植美丽的花草，就会杂草丛生。反省就是整理、耕耘心灵庭院的过程，以免心灵长满杂草。

反省，就是耕耘整理自己心灵的庭院

对照做人的准则，每天确认自己的言行是否正确，是十分必要的功课。稻盛和夫认为，坚持每天反省，可以让我们的灵魂得到净化，变得美丽而高尚。

稻盛和夫说自己读英国思想家詹姆斯·埃伦（James Allen）的《原因与结果法则》一书，看到他说"所谓反省，就是耕耘整理自己的精神家园"这一理论，忍不住拍案叫绝。他多次向别人背诵书中的一些精妙语句。

人的心灵像庭院。既可理智地耕耘，也可放任它荒芜，不管是耕耘还是荒芜，庭院都不会保持空白。如果自己的庭院里没有播种美丽的花草，那么无数杂草的种子就会飞落，茂盛的杂草将占满庭院。出色的园艺师会翻耕庭院，除去杂草，播种美丽的花草，不断培育。同样，如果我们想要一个美好的人生，就要不断耕耘自己心灵的庭院，将不纯的思想清除，然后栽上正确的思想，并好好培育。

生活中，如果我们好几天不洗澡、不洗头，就会难受得要命。其实，心灵也一样，长时间不清扫打理，里面同样会布满灰尘，失去敏锐的感受力和觉察力。

也有人把心灵比作房子。如果居住的房子长时间不打扫，就会积满灰尘，堆满无用的物品，杂乱无序。同样，心灵不打扫，也会蒙尘，一旦被各种错误、不开心填满，就会使人萎靡不振。只有日日整理打扫，才能让黯然的心变得宽敞明亮。所以，稻盛和夫经常告诫人们，活着最重要的就是修心，心修好了，一切才会好。

现实中很多人往往因为注重外在能力的提升，忽视了对心灵的养护。人一旦忽视对心灵的养护，心灵很容易被错误思想的杂草占据。只有经常清理，并种下正确、美好的思想，才会收获鲜花。

案例　　相传，著名高僧一灯大师有一盏灯，这是一件非常稀罕的宝物，灯芯里镶着一颗有500年历史的夜明珠，晶莹剔透。据说，能得到这盏灯普照的人，就能品性高洁，超凡脱俗，赢得世人的尊重。故这盏灯被称为"人生之灯"。

一灯大师有三个弟子，都对这件宝物充满了向往，向一灯大师跪求得到它的方法。

于是，一灯大师给三个弟子分别发了一本"良知薄"，让他们下山去化斋，并嘱咐他们：做了损人利己的事，就详细记录下来，每记一件，就视作为心灵除尘一次。并约定10年后，带着"良知薄"回来见他，他会亲自阅读，评定宝灯的得主。

10年后，三个弟子如期而归，不巧，正赶上一灯大师出游。在等待大师回来的时间里，他们开始翻看自己的"良知薄"，回味起上面记录的大大小小的损人利己行为。然后，他们又相互传阅、评鉴，进而反省、自责。

终于有一天，他们幡然醒悟，那盏"人生之灯"本来就挂在自己的心里。如果不能时时除尘，就不能闪耀华光。拥有一颗水晶般的心灵，靠的不是一盏宝灯的照耀，而是自己的日日反省。

由于自身学识、阅历、性格等因素的局限和影响，很多人在经历、处理和理解生活中的某些事物时，不可避免地会陷入片面局限中，甚至错误的行为方式之中。有些人不仅不懂得反省自己，甚至还把错误归结到别人头上。

> **案例**
>
> 一位太太逢人就嘲笑自己对面的住户："你看对面晾在院子里的衣服，每件都斑斑点点的，怎么有人连衣服都洗不干净？"
>
> 一天，一个朋友来拜访她，正好看到对面在晾衣服。这位太太又开始和朋友诉说对面住户的懒惰。朋友却发现她家的窗户玻璃上积了一层灰，擦拭了几下之后，朋友对她说："看，这就干净了。"
>
> 原来，不是对面的衣服没有洗干净，而是这位太太家的窗户玻璃太脏了。

如果一个人总是把消极结果归因到别人头上，就很难意识到自己的问题。古人云"小人无错，君子常过"，意思是小人总是认为自己没有过错，将责任推在别人身上；君子常常反省自己的过错，把责任揽在自己身上。

稻盛和夫认为，反省是磨炼灵魂和心志时刻不能忘记的实践，目的是避免心灵的庭院变得杂草丛生，粗鄙不堪。所以，他坚持每天睡前回顾一天中发生的事情，并进行反省，这是难能可贵的。

持续反省，才能维持优秀的人格

稻盛和夫认为，反省就是一天的"完美"结束语。不仅能避免自己再次失误，也能塑造自己的人格，一举两得。但要真正通过反省提升内心，必须持之以恒。这是因为人具有劣根性，如果不能做到经常反省，就很难得到改变。

优秀的人格一定不是学了一点知识，掌握了某个技能，或者看一本书有了感悟，就能培养出来的。那仅仅是一时的感悟和心动，或者只是心性在那一瞬间暂时提高了，但距离优秀的人格还有很远的路要走。一时的行为并不能锤炼出优秀的人格，人们只有反复地、持续地反省，才能提高心性并加以维持。

稻盛和夫说："如果能把反省坚持几十年，那么至少有一半的人可以变成了不起的人。"通过坚持日日反省而塑造的人格，才是最牢固、最崇高的，也是取得事业成功的关键因素之一。

稻盛和夫以自己为例，强调了反省的重要性。他年轻时身上也有很多缺点，以及很多不成熟的地方，但他能够认识到自己的不足，每天努力提升自我。一位企业家对稻盛和夫在20多年前说过的一番话记忆深刻。这位企业家回忆称，稻盛和夫当时说，他的主要一项人生内容就是每天提升自己的理念。

作为企业家，稻盛和夫并不拘泥于提升业务技能和企业经营的方法，而是热衷哲学。他最喜欢读哲学、宗教一类的书，枕边也总是堆着几十本相关书籍。不管他回家多晚，睡前都会读一会儿，哪怕只看一两页，却从未间断。

如果一个人年轻时性格暴躁鲁莽，不够成熟，而随着年龄的增长变得敦厚谦和，那么一定和他的心性得到磨炼有关。

稻盛和夫曾拜访过日本一家知名银行的行长。他知道对方和松下幸之助很熟悉，就在聊天时告诉对方自己平时很喜欢读松下幸之助的作品，很希望能效仿松下幸之助的活法和企业经营方式。

没想到对方却不以为然："年轻时的松下先生也是个莽撞

的家伙，你这么年轻就满口大道理，我倒觉得有点不妥。"

行长的话让稻盛和夫愕然，他方才明白：人在年轻懵懂时犯错都是正常的，不断反省、努力提升自己的修养才是最重要的。

后来，稻盛和夫见到了松下幸之助本人，并在言谈举止间感受到对方卓越的人格和气质。稻盛和夫认为，松下先生能够拥有如此优秀的人格，平时一定在努力坚持修身。而松下电器能够成为世界上首屈一指的电子产品制造商，和经营者松下先生对自我人格的塑造有很大的关系。

在修炼内心的过程中，我们无法用肉眼观察到内心是否变得纯净，但是在持续反省修炼的过程中，人格逐渐会发生巨大转变。那些伟人之所以拥有君子之风，无不和他们平时坚持自省、时刻注意自己的德行有关。

日本本田汽车创始人本田宗一郎年轻时脾气异常暴躁，他当时是一个汽车修理作坊的老板。据说，他只要看到有伙计偷懒，就会用他的"铁拳"教育对方。

后来，稻盛和夫因为被瑞典皇家科学院选为海外特别会员，在一次活动中有幸见到了已经功成名就的本田先生。他和本田先生一同在瑞典巡游，同吃同住，持续一周。在这个过程中，他充分感受了与世人口中不一样的本田先生。眼前这位本田先生，谦虚温和，体谅别人，充满人格魅力。

稻盛和夫认为，正是因为本田先生不断自省，他的心性才会提升到如此高度，他才有机会成长为世界顶级的汽车生产商。在稻盛和夫看来，企业家一旦提升了心性，就比较容易拓展经营规模，提高企业业绩。

反之，倘若企业家不肯提升心性，或者在提升心性方面懈怠了，会不知不觉忘了初心，即使取得一时的成功，仍有可能走向失败。这就是为什么许多企业家在赢得鲜花掌声后，在辉煌后的10年或30年开始没落的原因之一。

没有人天生具备优秀的人格、高尚的情操，只有不断坚持反省，努力改进，才能塑造和维持高尚的人格。尤其是企业家，不能仅对公司的员工负责，还要每日勤于反省，不断提升自我人格，不可松懈。

每天审视自我，让优秀成为习惯

稻盛和夫认为，到了晚上，要回顾这一天的行为和思想，进行真挚的自我反省：今天有没有做让人不愉快的事情？有没有卑怯的举止？有没有自私的言行？等等。每天这样回想、反省，养成习惯很重要。

每天反省，审视自我，听起来不可思议，然而稻盛和夫从年轻时起就开始这样做了。

稻盛和夫说，在京瓷创业之初，他只是一个普通的技术员，专注于陶瓷研制，对企业经营一窍不通。因此，他诚惶诚恐，担心公司不久之后就倒闭。也就是在那时，他养成了每天反省的习惯。

经营企业要和各界人士打交道，喝酒应酬是少不了的。

有时候多喝了一点酒，稻盛和夫就会反省自己是否因为贪杯"说了什么失礼的话"，如果在记忆中确认的确有这样的场景，他就会斥责自己不该贪杯。

反省的时候，他不会只在心里默念，通常会大声说出来。他担心别人听见，给别人造成困扰，一般都是回到家后，或者到了宾馆房间才开始反省。他会关上卫生间的门，对着镜子里的自己大声反省自己的错误，告诫自己不可再犯。

起初，他在反省时会真诚地说："母亲，对不起。"因为在他心里，母亲即神明。后来，他把向母亲忏悔改成向神忏悔："神啊，对不起，请您原谅我。"他口中的"对不起"，是在为自己的错误表示歉意，也是在祈求神明原谅自己的错误。自从养成"每天内观"的习惯后，稻盛和夫常常脱口而出"神啊，对不起"，以至于这句话成了他的口头禅，也成了他生活中不可或缺的一部分。

稻盛和夫表示，一开始，他也做不到每天反省，只有意识到自己错误时，他才会立即反省。有了反省的经验后，他就有意识地进行自我反省了。

曾子曾言："吾日三省吾身：为人谋而不忠乎？与朋友交而不信乎？传不习乎？"可见，内省并不是闭门思过，而是对自己日常所做的事进行思想检查，看是否合乎道德规范、做人准则。内省依靠的是自觉，换言之，不自觉就难以进行真正的、内在的自我反省。

> **案例** 明朝有一个叫杨翥的人,官至尚书。一天晚上,他梦到自己在一处陌生的园林中闲逛,顺手从树上摘了两个李子吃。睡醒之后,他不禁斥责自己:"肯定是因为我对道义和名利认识得不够深刻,才会在梦中摘别人园子里的李子吃!"杨翥对此事深以为戒,并绝食数天惩罚自己,以表忏悔之心。

也许你会说,自己每天忙得不可开交,哪里有时间去反省?时间都是挤出来的。比尔·盖茨的繁忙程度可想而知,然而无论多忙,他每周都会抽出一定的时间,找个安静的地方,专门反省和思考,查看自己之前是否有过失误,思考下一步的行动计划。

在生活中,我们不妨每天抽出一点时间,进行自我反省,让浮躁、生气、发怒的内心安静下来。

佛教讲究坐禅,闭目端坐,用心去查看脑子里那些纷杂的念头,让这些念头像浮在茶杯中的茶叶,慢慢地沉向杯底。静下来的大脑会出现一片晴空,这时候最适合反省。即便不去坐禅,也要腾出一点时间,静静思考今天发生的事情。比如,每天晚上入睡前,在脑海里把自己当天做过的事像过电影一样过一遍，找出不尽如人意的地方，并在第二天有所改进。

美国演讲大师安东尼·罗宾（Anthony Robbins）建议，每天在工作结束时，应尝试问自己几个问题：我今天学到了什么？工作中遇到了什么问题？我是不是做错了什么？有些事情是不是应该换一种处理方式？等等。

反省的过程其实就是学习的过程。如果我们能够不断反省自己的所作所为，从中总结失败的教训和经验，努力寻找改进的方法，并能全力以赴去改变，我们就可以变得清醒，学会明辨，变得睿智。

养成每天审视内心的习惯，对人大有裨益。稻盛和夫说，要想提升自我，就必须严于律己，经常深刻地反省自己：自己日常的行为判断是否符合做人的准则？自己有没有产生骄傲的情绪？美国作家斯宾塞·约翰逊（Spencer Johnson）也说过类似的一段话，大致意思是：如果你每天给自己留下一点时间，哪怕是短短的5分钟对人生进行自我反省，未来你就能够享受到自我反省的诸多益处。

坦率承认自己的不足,并努力改进它

稻盛和夫说:"所谓坦诚之心,就是承认自身的不足,并努力改进的谦虚态度。"他认为这是一个人成功的关键之一。正因为如此,他才把"拥有坦诚之心"作为京瓷哲学的重要内容。

1955年4月,稻盛和夫大学毕业,从老家鹿儿岛到京都工作。当时,他认为自己来自小地方,处处不如别人,加上没有在大城市生活过,带有浓重的地方口音,为此他非常自卑。每当公司的电话响起,他都不愿意接听,他不想让别人听到自己的鹿儿岛口音。

后来,稻盛和夫不想继续被自卑支配。他想,与其拼命掩饰自己的不足,不如坦率承认,并下决心改进。

于是，他对自己说："我老家是农村的，上的是普通大学，很多东西都不懂。因此，我必须从最基本的东西学起，要比任何人要努力，否则，我就不能成功。"当坦然接受了自己的缺点，并且不再刻意掩饰后，他反而觉得轻松了许多。此后，他多次对自己重复上面的话。

人对做不到的事，不要假装自己能做到，对自己犯下的错误，也要勇于承认，学会反省，承认自己的缺点，才能知道自己应该怎样改进，取得进步。

我们有时会在新闻上看到一些被光环笼罩的企业领导人，他们的企业出了问题，面对舆论的责问时，他们不是诚心诚意地向公众道歉，而是捧着准备好的稿子教条式地敷衍，甚至找借口推卸责任。一个人犯了错，却没有反省的诚意，让别人如何信服？

承认错误不是自我贬低，它能够修炼自己的德行。

> **案例** 法国思想家让-雅克·卢梭（Jean-Jacques Rousseau）在《忏悔录》里痛斥自己的过错。他讲述了自己少年当仆人时，偷过主人家一条旧丝带的经历。
>
> 被主人发现偷窃后，他不敢承认。在众目睽睽之下，他将自己的错误嫁祸于诚实的女仆玛丽，破坏了她纯洁、善良的名声。

> 卢梭的自我揭短,并没有损坏他的名气,反而因为他的真诚和坦白,为他增添了人性的光辉。

敢于袒露自己的过错,正是一个人觉醒、改变的开始。对一个人来说,最危险的做法莫过于已经知道自己的缺点,却固执己见,不肯改变。稻盛和夫认为,一个从不反省的人,往往会重蹈覆辙,削弱自己的能力。

稻盛和夫曾经和从京瓷创业时就跟随自己的干部去旅行。稻盛和夫一直非常重视他们,任用他们为董事。其中一个干部担起了大任,另一个干部因为对自己的缺点视而不见,不肯做出改变,没有得到稻盛和夫的重用。

稻盛和夫告诉这个干部:"你确实很开朗乐观,也和我脾气相投。但是你年轻时就有轻率的毛病,一直没有改变。做事不够慎重,很危险。正因为担心这一点,我才没有把重大的工作交给你。"

这个干部对稻盛和夫多少也有一些不满,他说:"稻盛先生,你年轻时就特别严厉,像我这样的人经常挨骂。但是,稍微失败一下又有什么关系呢?人生不正是因为不够完美,才有乐趣和快乐的吗?"

稻盛和夫则告诫他:"你站在自己的角度考虑,那样确实很有趣。肩上一旦扛起几千名员工的命运,就不能再像相扑比赛那样，脚站在边界处。眼看胜利在望，如果一时沉不住气，用力过猛，很容易失败出局。在公司的经营上，一次冒险就有可能让公司危在旦夕，绝不能轻率地做决定。而你总是以冒险为乐趣，所以，我才没让你做责任重大的工作。"

这个干部听了稻盛和夫的话，恍然道："原来是这样啊！"

也许你会看不到自己的缺点，如果有人帮你指出来，你仍然视若无睹，也就很难提升自己的人生境界了。秉承有则改之、无则加勉的态度，才能不断完善自己。

古人云："人非圣贤，孰能无过？过而能改，善莫大焉。"一个能成就大事业、拥有大道德的人，并不是因为他没有缺点，没有犯过错，而是因为他善于坦诚缺点，并努力克服它。

有所成就时，千万不要骄傲

稻盛和夫提到，有些人从小非常自律，并获得了很大的成就，后来却变得骄傲自负，让老朋友叹息："成功毁了这个人。"所以，得意忘形时，要常常反省，告诫自己要虚心。

很多人在创办公司之初是非常俭朴的，但是当事业有成，手中阔绰时，开始变得浪费、奢侈。稻盛和夫与他们不同，他在事业有成后，并没有过上奢侈的生活。他在京都有私宅，实际使用的只有自己的卧室、书房及一楼的起居室。在家时，他通常会在起居室里看书、看电视，比较轻松地度过一天。稻盛和夫认为，人一旦开始奢侈，就会变得骄傲。因此，他也经常反省自己是否有骄傲的行为，告诫自己要谦虚。

人一旦成功，就容易滋生骄傲。在稻盛和夫看来，很多时候让一个人误入歧途的元凶，不一定是困难和挫折，而是赞誉和成功。他经常对其他企业家强调，做事顺风顺水，获得成功，本来是好事，但是这样的顺境，也往往让人执着名利，趋于傲慢。

在各种各样的人格缺陷中，傲慢可谓成功的大敌。傲慢的本质是自我崇拜。一个人高估了自己的地位、声誉和财富，并对此产生自我崇拜，就会表现出傲慢。稻盛和夫直言，一些企业家在创业初期非常谦虚谨慎，在工作中非常努力勤奋，受人爱戴和敬佩，然而他们一旦取得了事业上的成功，就容易变得目空一切、飞扬跋扈。

即使是过去十分谦虚的人，一旦有所成就，也容易变得傲慢，人生观也会随之发生变化。而企业家的人生观、思维方式一旦有了不好的变化，企业的业绩也往往会受影响，开始下降。稻盛和夫告诉人们，他曾经目睹过许多这样的事例，一些才华横溢的企业经营者如流星般闪现又迅速坠落。很大原因是他们没有经受住成功的考验，性格、思维方式也向消极方向变化。稻盛和夫认为，倘若一个人的思维方式和态度随着地位的上升、境遇的变好反而变坏了，真是一件遗憾又无奈的事。

为什么会发生这种事情？因为，当企业取得成功后，多数经营者会把一切成就归功于自己，认为"公司得以发展上市,都是因为我的努力和才华,我理所当然应享有胜利的果实"。经营者如此狂妄自大,眼高于顶,企业才会衰落。

为此,稻盛和夫讲述了自己在创立京瓷初期的经历。因为担心公司会破产,他内心焦躁不安,这种担忧反而成了他努力工作的动力。公司慢慢走上正轨之后,他更是小心谨慎,如履薄冰。他担心一旦自己变得骄傲自满,公司很可能会走下坡路。

在稻盛和夫推崇的《南洲翁遗训》中,有这样几句话:"爱己为最不善也。修业无果,诸事难成,无心思过,伐功而骄慢生,皆因自爱起,故不可偏私爱己也。"意思是,只图自己顺心,不顾念他人的行为是最不善的。修行没有结果,事业没有成就,自己也没有悔改的心思,往往因为他们太在意自己的功劳,从而形成目空一切的态度,也不排除过分爱己的原因。所以,我们绝不能做自私自利之事。

稻盛和夫认为,正因为有所成就,才更应该谦虚。企业经营者在工作中更要保持谦虚,才能拥有更高的权威。骄傲自大的人看不到自己的不足,满眼只盯着自己的优点,并为之扬扬自得高兴不已,哪里会有向他人学习的心思与动力?只有那些有自知之明并时刻保持着谦虚态度的人,才有可能通过不断学习,不断完善、发展自己,让自己拥有更高的权威。京瓷上市后,稻盛和夫更常常告诫自己,不要骄傲。

古人云:"君子宽而不慢。"综观古今中外成大事者,都是虚怀若谷、好学不倦、从不傲慢之人。

宋代文学家欧阳修的文学造诣达到了炉火纯青的程度,但他从不恃才自傲,写了文章仍然要一遍遍地修改。他的夫人怕他累坏了身体,劝他:"你何必这样自讨苦吃?又不是小孩子,难道还怕先生生气吗?"欧阳修回答:"我不是怕先生生气,而是怕后生笑话。"

"虚心使人进步,骄傲使人落后"是颠扑不破的真理。稻盛和夫提出,如果我们总是满足于荣耀的桂冠,不谦卑自省、不坚持学习,不管我们在提升自我上有多大的成就,还是会失去原有的一切。

07

乐观心：
总是保持正面的看法

稻盛和夫说:"不管遭遇什么样的逆境,也绝不能对自己的人生持悲观的态度。"处于逆境时,如果一味抱怨、消沉,就容易吸引更多糟糕的事;相反,如果正向思考,热情四溢,期待的美好往往会如约而至。

越是在最难熬的困境，越要保持积极的心态

稻盛和夫说："坚决不能对自己的未来持悲观的态度。要坚信在未来，玫瑰色的好运正在等候自己，相信这一点非常重要。"

稻盛和夫说，想要取得成功，除了努力工作，还需要积极的心态。没有人总是能一帆风顺。面对困难，我们首先要做的就是调整自己，保持良好的心态。心态才是我们真正的主宰。

一个人越是在最难熬的困境，就越要保持积极的心态，消极产生的磁场往往会吸引事情向更坏的方向发展。比如，消极的人经常会说："啊，那不可能，我做不到！""真痛苦，为什么世界总对我这样不公平。""这个世界太黑暗了！"……

他们在消极思想的暗示下,一旦遇到难以解决的问题,就想放弃;在碰壁后,就会在无奈、痛苦中纠缠不休;失去自己的地位、财富、权力后,就感到万念俱灰……在消极者眼中,到处充满黑暗,他们每天生活在泥沼里。对于乐观者而言,生活中总是有无限可能,即使身处黑暗也能看到光明。

一个在逆境中从不绝望的人,不会轻易被生活打垮。人生的很多失败,都不是败给别人,而是败给了自己悲观的心。同样的一件事情发生在两个观念截然相反的人身上,往往会产生截然不同的后果。

稻盛和夫的父母共育有七个子女。早年间,稻盛和夫的父亲经营一家印刷厂,母亲不仅要照看孩子,负责家务活儿,还负责分配工人的工作。她开朗、大方,很受厂里工人的喜欢。

由于印刷厂及设备在"二战"中被炸毁,稻盛和夫一家人只能挤在临时搭建的棚屋里,生活十分困苦。养家的工厂没有了,稻盛和夫的父亲备受打击,他非常颓废低迷。然而生活还要继续。母亲曾再三劝父亲重新把印刷厂开起来,但是父亲不喜欢向别人或者银行借款,最终也没有重新建厂。

于是,坚强的母亲挑起养家的重担。她先是把自己好一点的和服拿去卖掉,换取微薄的收入,再买大米和番薯。和服卖光之后,她就在黑市购买和服,拿到农村以物换物,换得一些粮食，勉强维持一家人的生活。

连续两年的时间，母亲为了去农村以物换物，常常在拥挤不堪的巴士上挤上挤下。稻盛和夫说："毫不夸张地说，正因为母亲拼尽全力地付出，我们一家人才没有流落街头。"

不管生活多么艰难，母亲从未愁眉苦脸地抱怨，也不允许稻盛和夫和哥哥辍学。她每天都会做好便当，让他们带着上学。

母亲的坚强乐观对稻盛和夫的影响很大，也给了他足够的勇气，让他在未来人生的每个时刻都可以积极面对生活的刁难，从不会退缩。稻盛和夫这样评价自己的母亲，他说相比父亲的谨慎甚至胆小，母亲性格比较豁达乐观，是个坚韧、传统的日本女人。他在书中写道："我母亲所做的，就是每天乐观地面对生活，把自己勤奋努力的样子展示给我们，用她无与伦比的爱守护着我们。"

在生命的道路上，痛苦、绝望、不幸和危难都是不可避免的，当命运之舟搁浅在某个阴暗的海滩上时，你是否还能顾及享受一下野草莓的滋味？有人说过："一个人如果是悲观的，就会把所有的快乐都当成不快乐，就像美酒到了充满胆汁的口中也会变苦。生命的幸福与困厄，并不在于降临的事情本身是好是坏，而在于面对这些事我们报以什么心态。"

积极的态度具有神奇的力量，它扎根在思想深处，点燃我们内心的希望，激发我们内在的潜能，让我们靠近幸福和成功。就算阴云密布，也要相信风雨过后会有灿烂的阳光。积极的态度会让我们更加乐观，更加积极向上，也会带来更多的机遇和可能。

不在没有意义的事上劳心伤神

很多时候,烦恼都是自找的,《新唐书·陆象先传》中有:"世上本无事,庸人自扰之。"稻盛和夫说:"不要有感性的烦恼。真正的智者,不会为那些无意义的事情劳心费神。"

有人问稻盛和夫,怎样才能远离感性的烦恼。稻盛和夫回答了两个字:无知。对方不解其意,稻盛和夫解释道:"所谓'无知',就是无欲无求。感性之所以能带来很多烦恼,不过是由人的贪、嗔、痴引起的。如果无欲无求,自然也就不会有什么烦恼了。"

稻盛和夫又用钻石打比方。在成年人眼里,钻石代表的是财富,所以会很小心地保存。但在小孩子眼里,钻石和普通玩具无异,玩腻了就会把它丢到一边。所以,"无知"的境界就是保持童心。

然而，对于久经社会的成年人而言，保持童心太难了。稻盛和夫的方法是，想要避开感性的烦恼，重回"无知"状态，就必须进行感性修炼。

所谓感性修炼，就是反省过去的烦恼和发生的事情后，要坚决忘掉，迅速振作，拿出更多的时间和精力去展望明天。稻盛和夫还说过，摒弃感性带来的烦恼，就是不要让自己在没有意义的事上痛苦纠结，劳心伤神。俗话说，覆水难收。已经发生的事情既然无法挽回，没有必要沉浸其中，不如全身心投入新的工作当中。

稻盛和夫鼓励人们："我们要鼓励萎靡不振、身心俱疲的自己振作起来。"只有放下，才能重整旗鼓。当不幸降临，你守着它不肯离去，它会把你摧残得支离破碎。但是，你也可以转身，任它缩小成你身后的一粒尘埃。留下，还是转身，决定权在你自己手中。

某作家说过："从来没有命定的不幸，只有死不放手的执着。"不放手，就是不转身。你不肯转身，即便是微不足道的伤口，被你不停地拨弄，也不会愈合，反而会加速溃烂。转身，即便是再深的伤口，也会慢慢痊愈。

美国著名作家马克·吐温（Mark Twain）也说过："忧愁是伤人的病菌。它会吞噬你的优势，留下一个像废品一样的垃圾。"一个把大量精力耗费在无谓的烦恼上的人，是很难发挥出自己固有能力的，能够摧残人的活力、阻碍人的志向、降低人的能力的莫过于烦忧这一毒素。

人生也好，工作也好，不会事事顺心，还时常伴有痛苦和烦恼，所以要学会善待自己。在稻盛和夫看来，学会放下，不再被已经过去的事困扰，一心向前看，才是善待自己。

凡事从善意的角度去思考和看待

稻盛和夫认为,对同一件事情,从善意的角度看待,还是从恶意的角度看待,所导致的结果截然不同。

稻盛和夫认为,要从善意的角度去思考和看待事物。在他的心里,善意就是好心、好意。在他看来,自己用善意对别人,也会得到别人同样的回报。

在距离稻盛和夫家不远的地方,有一家自行车店,店主是一位大叔和一位大婶,稻盛和夫分别称他们为"新见大叔""新见大婶",稻盛和夫记得大婶是一位性格爽朗的人。稻盛和夫的父亲和大叔偶然结识,后来慢慢熟悉,母亲对大婶也很友善,所以他们二人经常来稻盛和夫家中做客。

父母对大叔、大婶的善意,很快就回报到了稻盛和夫的身上。高中毕业时，稻盛和夫报考的是大阪大学的医学部。在去大阪考试前，大婶告诉稻盛和夫自己的妹妹就住在大阪的天王寺，可以去找她。而且，她已经给妹妹寄过信，嘱托她照应稻盛和夫了。

稻盛和夫坐上了开往大阪的普通列车，经过一路颠簸抵达了大阪站。那天，大婶的妹妹和妹夫来接他，但因为战后的车站人多又杂，彼此又不认识，所以没接到。稻盛和夫一路打听到了大婶妹妹的家，并在大婶妹妹的关照下，顺利地完成三天的考试。

孟子曰："君子莫大乎与人为善。"意思是君子最应该做的事就是用一颗高尚、仁义的心去对待别人。稻盛和夫在父母对别人的善意中受益良多，后来他一直信奉在对事物做判断时，要把坐标放在符合真、善、美的标准上。所以，他在做判断前，总是习惯性地问自己："等一等，我这样做真的做到善了吗？"如果答案是肯定的，他才做出下一步的行动。

善意也是对别人的体谅。稻盛和夫以与人争执为例进行了说明。与人发生争执，如果从内心里认为错在对方，认为对方是故意在和自己作对，只想驳倒对方，逼迫对方认错，这就不是善意的；如果站在对方所处的位置思考，愿意彼此协商并且一起出谋划策，求同存异，寻找解决问题的方法，这就是善意的。

稻盛和夫认为，只有基于正面的思维方式产生的认识和判断，才会带来好的结果；那些负面的思维方式既不能解决问题，又不能助人成长，只会带来坏的结果。

就像日常生活中发生的事情一样：开车时，你讨厌乱穿马路的行人；走路时，你讨厌不礼让行人的汽车；打工时，你觉得老板太强势、太抠门；当老板时，你觉得员工没有责任心，缺乏执行力……其实，站在自己的位置看其他人所得出的结论，往往是不客观的。只有换位思考，将心比心，站在对方的立场和处境上考虑，才能避免矛盾，让彼此的关系更加和谐。

> **案例**
>
> 一位医生在接到手术的电话后立即赶到医院，准备给一个男孩进行紧急手术。
>
> 男孩的父亲却失控地冲他大喊："你怎么这么晚才来？怎么一点儿责任心都没有？"
>
> 医生歉然地说："对不起，我刚刚不在医院，接到电话，我就赶过来了，请你冷静一下。"
>
> 男孩的父亲愤怒地说："你让我冷静？如果手术室里躺的是你的儿子，你能冷静吗？如果你的儿子就要死了，你会冷静吗？"
>
> 医生进了手术室，男孩的父亲还在外面愤愤不

平,抱怨医生没有责任心,对病人漠不关心。

几个小时之后,手术顺利完成。医生告诉他,有什么问题找护士,就匆忙离去了。

男孩的父亲抱怨道:"怎么有这么傲慢的医生?难道连让病人家属问几个问题的时间都没有吗?"

护士说:"他的儿子在交通事故中身亡,他是在去殡仪馆的路上被叫回来做手术的,现在要去处理他儿子的后事。"

男孩的父亲听了,张了张嘴,什么都没说出来。

善意应该是善良,是将心比心。懂得换位思考,能真正站在别人的立场上考虑问题,温柔对待别人的人,才会被别人温柔以待。

从善意的角度去看待问题,可以帮助我们获得圆满的结果。相反,处处以负面情绪看待一切,满怀恶意地解读一切,人生会陷入黑暗之中。

有时候,尽管你用善意去对待别人,尤其是对待对你充满恶意和戾气的人,很可能会遭到对方的鄙视和嘲笑,但别太在意。稻盛和夫告诉人们,哪怕是别人真的对你心怀恶意,想要陷害你,你也要当作什么事情都没发生过;就算被人嘲笑"那个家伙真是个傻瓜,居然被这样对待还不发火""这个人是不是脑子有问题"也无所谓，完全不必在意，一笑而过即可。

道理虽如此，但是要想达到这样的境界并不容易。稻盛和夫表示，他被人嘲笑和蔑视的时候，也会非常生气和愤怒，但依然会尽力从善意的角度解读对方的意思："那个嘲笑我的人，大概是因为精神世界贫瘠，才说出了这样的话吧。"

稻盛和夫强调，把对别人的愤怒转化为对别人的怜悯，是自己一直在努力的方向。他认为，如果总是从负面的角度去看待事物，内心也会变得晦暗无比，人生就不会有光明可言。

稻盛和夫还对善意进行了概括。他认为善意不仅包括积极向上、对事物持肯定态度，还包括能和其他人共同工作的协调性，以及对别人充满善意、有关爱之心等。

与其抱怨，不如想想怎么改变

稻盛和夫说:"不管所处的境遇多么恶劣，多么令人绝望，如果只是一味地发牢骚抱怨，逃避现实。那么，人生绝不会出现转机。"以什么样的态度和想法对待面前发生的事，决定了事情发展的走向。

回忆起曾经的苦难和逆境，稻盛和夫说:"在我对自己的境遇充满牢骚、抱怨的时候，没有一件事情的进展是顺利的。但是，从我坦然接受命运，下定决心全身心投入工作的那一瞬间起，人生就从逆风变成了顺风。"

人遇到糟糕的境遇，不免会发一些牢骚，但发过之后，就要接受这种境遇，然后积极地去应对和改变。这是因为，发再多的牢骚也不会给事情带来任何正向改变。

> **案例**
>
> 天气很热，一只骡子驮着沉重的货物前行。它又累又渴，一会儿抱怨太阳过于毒辣，自己都要被烤化了；一会儿抱怨命运不公，凭什么牛、羊可以在树荫下悠闲地吃草，自己却要在太阳底下辛苦地劳作？它生气地踢着沙子以发泄胸中怒火，结果踢中一块玻璃，脚被划伤了。尽管伤口不大，却让它更烦躁了。它抱怨着："连玻璃都欺负我！"一怒之下又朝玻璃使劲踢了一脚，这下伤口更大了，血流不止。
>
> 因为无处医治，伤口感染，骡子满心不甘地倒下了。

由此可见，抱怨不会给事情带来任何正向的改变。命运就是这样，你对它发牢骚、抱怨，只会受到更多更大的困扰，让事情变得更加糟糕。"抱怨"两个字从字面上理解，就是"抱着怨气"，倘若一个人常常和负能量抱在一起，生活中怎么会有好运？

美国著名的心灵导师威尔·鲍温（Will Bowen）在《不抱怨的世界》中写道："抱怨就像我们播撒在这个世界上的种子。它们会生根发芽，生出更多的消极因素。"因为抱怨，我们会把关注的焦点放在问题上，而不是解决问题上。越抱怨，问题就越多。抱怨就像一种毒药，它不仅会侵蚀一个人的热情和才华，还会侵蚀他的事业与成就。

美国企业家亨利·福特（Henry Ford）曾经说过："别光会挑毛病，要能寻找改进之道。"一个人在迷茫时，身处困境时，唯有想办法解决问题，才能真正改变自己的处境。

有人问稻盛和夫："我应该怎么对待工作？"稻盛和夫说："付出不亚于任何人的努力。"对方追问："如果不喜欢自己的工作怎么办？"稻盛和夫笑答："那就学会转变心态。"

如果不喜欢自己所做的工作，可以选择离开，寻找其他可能性；如果因为各种原因而无法放弃现在的工作，那么就选择改变自己的心态，积极面对这份工作。

稻盛和夫大学毕业时，距离"二战"结束10年，就业环境依然恶劣，没有一家公司愿意聘用地方大学的毕业生。在教授的帮助下，稻盛和夫才得以入职松风工业。

松风工业在"二战"前业绩很好，但在"二战"后一直处于亏损状态。稻盛和夫在入职后才知道松风工业拖欠工资是常事，劳动纠纷频繁发生，公司已经处于破产边缘。从小就在逆境中成长的稻盛和夫好不容易进入社会，原以为自己可以轻松度日了，却连工资都无法按时拿到，这让他很是沮丧，忍不住抱怨起来。他觉得自己没有办法干下去了，不如早些辞职。

然而辞职并非一件容易的事情，因为稻盛和夫没有别的地方可去。最后，稻盛和夫一咬牙，既然不能离开，那就好好在这里干吧。于是，他搬离了宿舍，吃住都在实验室，专心致志地投入到研究工作中，忘记了世间的一切烦恼，开始领略到研究工作的乐趣。

他当时负责新型精密陶瓷的研发工作，公司却连像样的研究设备都没有，实验设备简陋，他就想尽一切办法去尽量精确实验的结果。功夫不负有心人，他的研究工作进展顺利，受到了领导的褒奖，这让他感受到了工作的价值，开始爱上了自己的工作。他整个人如脱胎换骨一般，变得积极开朗。

稻盛和夫说，改变命运的心法只有三个字：不抱怨。这也是他后来一直秉持的信念。遇到问题不要发牢骚；不发牢骚，才会有耐心地思考解决问题的方法，有助于解决问题，改变现状。

格局大了，烦恼就少了

心有多大的格局，天地就有多宽。稻盛和夫说："一个人之所以痛苦，是因为格局太小，站的高度不够，看到的都是问题，纠结的都是鸡毛蒜皮。放大格局，你的人生将会不可思议。"

一个人的认知决定格局，格局则决定着人生的高度。稻盛和夫打过一个有趣的比方："如果被人骂时，我站在1层，就会听得清楚，很生气；当我站在10层时，就听不太清楚，还以为他在跟我打招呼；当我站在100层，根本听不见对方的骂声，也看不见对方。"

这说明，我们之所以被烦恼困住，通常是我们站得太低了。同理站在烦恼里看问题，小事也会变成大事。在烦恼的漩涡里和烦恼对抗，烦恼会加倍。如果能跳出烦恼圈，站高一点，重新再审视自己的问题，方能更理智、更清醒地总览全局。原本被困住的心也能一下子松绑，呼吸到自由的空气；原本难耐的痛苦也会变小，甚至可以忽略不计。

稻盛和夫创立京瓷时，身边的人都不看好，纷纷嘲笑他："用不了一年，你这家公司就得倒闭。"稻盛和夫对此毫不在意，更没有受到不良影响——他选择了屏蔽噪声，把精力都用在了自己渴望的事业上，而不是辩解。

他认为，别人说什么都不关自己的事，用自己的实际行动做出成绩，这才是最好的反击。

我们决定要做一件事，何必在乎别人的看法？不被外界的阻碍束缚，不以狭隘的眼光看待世界，打破旧有认知，才能看到更辽阔的天地。

这个世界上其实就两件事，一是关我何事，二是关你何事。别人如何看待我们，恶意也好，善意也罢，那是别人需要关注的事情，与我们无关。我们如何对待别人，才是我们的要关注的事情，只要我们把属于自己的事做好，无须浪费时间精力去争辩。

稻盛和夫说："一个人之所以痛苦，是因为格局太小，站的高度不够，看到的都是问题，纠结的都是鸡毛蒜皮。"如果我们总是纠缠于眼前不值一提的小事，自然就没时间关注有价值的事了。只有跳出井口，井底的青蛙才会看到高远的天空，放下之前的狭隘。

当然，永远保持宽广的心胸并不是一件容易的事。尤其在对方不够友善的时候，人难免会在负面情绪的驱使下生气发火，甚至口不择言。

稻盛和夫曾经向日本知名佛教人士濑户内寂听讲述了自己的一段亲身经历。

有一次，稻盛和夫和一位政治家一起进餐。这位政治家尽管八面玲珑，侃侃而谈，却显得草率肤浅，没有见识，更没有担当天下大任的远见。当他的言语间流露出让稻盛和夫这样的商界人士给予自己金钱的协助时，稻盛和夫忍不住生气地反击："你嘴上说得很好听，实际上不愿意得罪任何人。如果大家都像你这样观点含糊，左右逢源，凭什么得到别人的帮助呢？"

稻盛和夫心中的气没有消，继续批驳他："你根本就没有远见，也不能坚定自己的原则，更不会坚定向前。你能提出如此过分的要求，让我很为难，你也太自以为是了吧。"

这件事让稻盛和夫很恼火，以致同他人讲述时仍压不住心中的怒火。说完这段经历，他端起酒杯大口饮起来。待情绪得到平复后，他接着说："吃完饭回到家已是深夜，但我的内心……"

濑户内寂听接过他的话茬，说："是不是仍然气难平，愤怒得翻江倒海？"

稻盛和夫想了一下说："倒不是气愤，而是一种非常郁闷的感觉，很不愉快。"

然后，他又说："通过这件事，我认识到，当我们粗暴地对待别人时，自己的内心也会失去平衡。那些忍不住的厌恶厌烦、生气愤怒、口不择言，着实令人感到烦闷。"

稻盛和夫还说，很多人做不到友善待人，内心缺乏平静，真的是太可悲了。他告诫大家，应该抱有体谅和感恩之心与人相处，不管别人怎么样，都不要粗暴地对待对方，也不要诋毁对方，这样我们至少能保持自己内心的平静。

想要别人怎么对待你，你就先怎么对待别人。在付出的时候，不要总是想着回报。如果你付出十分，就想要得到别人十二分的回报，一旦对方给的不够，你仍然会郁闷或生气。

想要真正做到体谅别人，包容别人，关键在于我们愿意主动尝试。一旦我们愿意尝试，开始放下内心的芥蒂、偏见，真心地接纳别人、体贴别人，即使对方和我们观点相反，甚至有意激怒我们，我们的内心也不会轻易地被怒火操纵。

凡能成大事者，都能容人所不能容，忍人所不能忍。他们豁达而不拘小节，不斤斤计较，不纠缠非原则性的琐事，从未把鸡毛蒜皮的烦恼放在心上。

知足之心，最容易感受幸福

稻盛和夫认为，如果无限度地追求欲望，心中就会充斥着不满，无法感知到幸福。老子也说："知足者富，强行者有志。"意思是，懂得对已拥有的东西感到满足的人，才是真正的富者。

日本的山形县、宫城县等地，有在秋季举办煮芋会的传统。该活动通常由家庭、朋友、学校、公司等组织举办，人们聚集在河滩等野外场所，一起以芋头为原料制作大锅饭，是一种加深友谊的活动。在这些地区，煮芋会和春季赏樱花一样，是日本户外宴会的首选。

稻盛和夫说，所谓的幸福感，并不需要花很多钱。比如，有的人在煮芋会上吃一点芋头，喝一点酒，就觉得"这样真好啊",内心充满喜悦和满足。

对拥有的感到满足,能让一个人的世界变得明朗温暖。知足常乐,说的就是知足能减少人生中诸多的忧愁烦恼。

贪婪是幸福的敌人。内心充满贪欲的人,会为了自己想要的东西,殚精竭虑地算计。就算得到了,还想要更多,同时又担心失去现在得到的东西。一旦得不到就会焦虑不安,气急败坏,也会为已拥有的东西担惊受怕,无论是否得到,内心都无法平静,这样的人会活得很辛苦。

案例

心理学有一个专有名词——"狄德罗效应",它反映了人们内心永远无法满足的欲望。这个效应源于一个小故事。

法国哲学家德尼·狄德罗(Denis Diderot)有一天收到了朋友送来的一件睡袍,他对这件华美的睡袍爱不释手,愉快地将其穿在身上,在屋里走来走去,不断在镜子面前欣赏自己的英姿。

慢慢地,他的目光被屋里那些破败的家具吸引。在他看来,这些家具样式过时,颜色也不再鲜亮,实在配不上自己身上这件睡袍。

冲动之下,他跑去商店重新订购了一批家具。当家中摆满新家具后,他感到很满意,认为周围的环境很符合睡袍的档次。

激情消退后,他却越想越不是滋味,深深怀疑自己被一件睡袍"胁迫"了。后来,狄德罗将自己的感受写进一篇文章中,即《与旧睡袍别离之后的烦恼》。

在生活中,我们有时候也是被睡袍"胁迫"的狄德罗——我们可能被一件件物品或一个个条件"胁迫",或者"捆绑",让自己的欲望越来越失控,深陷其中却无法自拔。

《道德经》有云:"罪莫厚于甚欲,咎莫憯于欲得,祸莫大于不知足。故知足之足,常足矣。"这是在告诉我们,没有比尽情放纵更大的罪恶,没有比占有不法财物更大的过错,没有比不知足更大的祸患。只有懂得知足,才能让人快乐。

稻盛和夫说:"知足是感受幸福的先决条件。"他讲述了日本"二战"后复兴的例子,他认为,虽然日本已经是世界上最富裕的国家之一,但物质富裕了,日本人却没有变得更幸福,而是处处充斥着抱怨和不满。

稻盛和夫认为,感受不到富足是因为日本人对当下不知足,对自己还没有的东西耿耿于怀,对已经拥有的东西却视而不见。

一个人即使再富有,也仍然能找到比自己拥有更多的人。

如果不懂知足,就很难感受到自己已经拥有的,内心就难有满足感。

不懂知足的心是贫瘠的,是精神上的穷人。一些人为了满足个人的无限欲望,不惜用一切手段谋求自身利益,虽然增加了自己的有形资产,但他们心里欲望的黑洞却越来越大,内心也越来空虚,甚至不知道幸福是何滋味。

稻盛和夫认为,在日本,那些把利己作为判断标准的人正在增多。想要扭转社会的不良风气,首先要做的就是净化日本人的心灵。净化心灵最重要的方法就是不再为世俗的成功标注和价值观奴役,不被利己的念头奴役,从而激发他们的利他之心。

容易知足,才能获得一般人难以获得的坦然与宁静。想要幸福,我们必须学会知足和控制欲望。当欲望膨胀的时候,要学会克制自己,控制欲望之火的燃烧。

08

**强韧心：
锲而不舍干到底**

稻盛和夫说:"对付困难并没有捷径,最有效的方法,就是始终坚持不懈。"能够登上金字塔的动物只有两种,一种是雄鹰,一种是蜗牛。因为雄鹰有翅膀,蜗牛有毅力。认准方向,踏实坚定,终能抵达目的地。

不气馁，不放弃，锲而不舍挑战困难

稻盛和夫认为，成功和失败只有毫厘之差。差别在于：在遇到如同绝壁一般的障碍前，是否能坚定地迈出第一步并持续下去。唯有不放弃的人，才能达到顶点。

京瓷创立初期，稻盛和夫为了开发新客户，带着下属去各企业登门销售。由于当时的京瓷还是一家名不见经传的小企业，既没有声誉，也缺少业绩，直接上门销售，十有八九都会吃闭门羹。即便如此，稻盛和夫也绝不放弃。他不惜低头恳求，想尽办法和对方的负责人见面。然而，即使争取到了见面的机会，对方也常常拒绝："我们有一直合作的企业，是绝对不会从你们这种不知名的小企业采购零件的。"

由于反复被拒绝，同行的年轻员工难免意志消沉，打不起精神，想要放弃，有时甚至会委屈得掉眼泪。为了鼓励下属，也为了激励自己，稻盛和夫会说："碰壁了一两次就打退堂鼓，那怎么行？不管矗立在眼前的壁障有多高，我们都要坚信一定能跨越它，说不定它根本就不是石头的，而是纸糊的，只是看起来很结实，实际上用指头一戳就破了；如果真是石头做的，那也没关系，我们只要思考怎么攀登就可以了。如果不想办法，只说一声'我做不到'就不干了，那就是怠惰了。"

越是在困难时期，我们越要怀着坚定的信心向前，相信能打开局面。在鼓舞下属的同时，稻盛和夫也铭记这个道理。稻盛和夫相信水滴石穿的力量——对于巨大且坚硬的磐石来说，一滴水算不了什么，但是水滴不断地滴在磐石上，也会滴穿磐石。他坚信，一个人有了水滴石穿的坚韧意志，不管做什么事业，都终将杀出一条血路。

每次被别人问到"新产品的成功率是多少"时，稻盛和夫都会毫不犹豫地回答："一旦开始研发，就一定会成功！"他又补充道："在京瓷，如果达不成目标，研发工作就不会停止，因此不会出现以失败而告终的情况。坚持不懈，直至成功，这便是京瓷人的精神。"

稻盛和夫说，如果有人问他成功的秘诀，答案只有一个，那就是"永不放弃"。一旦开始向目标奋进，不管中途遇到什么艰难险阻，有多么巨大的障碍，都必须勇往直前。这种态度带来的是战胜一切困难的力量。

稻盛和夫在左手的无名指上戴了一枚镶嵌祖母绿宝石的戒指。这颗祖母绿宝石并不是天然宝石，而是稻盛和夫团队历经7年，锲而不舍、持续挑战的成果。

为了实现京瓷的持续发展，在思考多元化战略时，稻盛和夫决定以精密陶瓷技术为核心开展事业，把再结晶宝石作为切入点。他做出这个决定的原因是该领域处在已有技术的延长线上，可以发挥京瓷人的长处。

稻盛和夫发现，祖母绿宝石的优质原石资源日益枯竭，而市面上的祖母绿宝石质次价高，消费者无法买到优质的祖母绿宝石。利用自己积累的技术制造美丽的宝石，就可以解决这一问题。这让稻盛和夫和下属们摩拳擦掌，干劲十足。

然而在实际操作时，稻盛和夫和下属们才知道这不是一件容易的事情，困难重重，难以想象。尽管稻盛和夫和下属们加班加点、废寝忘食地开展研发工作，宝石结晶却几乎没有进展，用显微镜才能看到的一些超细微结晶，还远远达不到预期。

研发人员并没有放弃。然而经过不断试错，历尽千辛万苦做出来的产品，也不过是比米粒还小的结晶，仍难以达到预期的效果。这确实令人倍感煎熬。

尽管稻盛和夫也不知道何时才能研发出能够成为商品的结晶颗粒，他仍然不断鼓励下属："现在虽然我们只能制造出很小的结晶体，如果成功了，就是世界上前所未有的创举。人的能力是无限的，让我们用'将来进行时'看待自己的能力，持续迎接挑战吧！"

在研发人员的努力之下，产品从勉强能用显微镜才能观察到的结晶，变成不足米粒大小，又增大到赤豆大小，最后，他们终于制造出透明的、大尺寸的绿色六角柱状结晶体，取出的结晶部分就是再结晶祖母绿宝石，它在色泽、饱和度等方面都达到了最高级，这是一件令人欣喜的事情。

你也许会经历很多困难，也许要花费很多时间才能做成一件事情，但请你相信自己一定能做到。哪怕遇到未曾预料的艰难险阻，哪怕被困难击倒，也要用力爬起来，拍拍身上的灰尘，继续努力向前。

萧条时期反而是增强企业体质的机会

在经济萧条的时期，生意不景气，开支却不见减少，哀鸿遍野的市场上，随处可见倒闭的企业和垂头丧气的企业经营者。稻盛和夫认为，越是经济萧条时期，越是不能消沉，不能慌乱，因为这一时期有很多事情值得做，并且要做好。

稻盛和夫认为，经济萧条时期，是彻底削减成本的好时机。在盈利良好时，削减成本往往是困难的。一般人都认为"不可能，太难了"。而且在大家为了完成订单忙得不可开交时，即便想要削减成本，员工们也不会认真实行。但到了经济萧条时期，企业收入骤减，要想维持下去，就必须节约开支，员工也会非常认真地对待降低成本这件事。

稻盛和夫说，看似拧干的毛巾再用力拧，还是能拧出水分。在没有办法的时候，努力削减成本就容易被接受，被执行。如果人工费用不能随便降低，也可以从其他方面入手，降低成本。比如，现在的制造方法是不是最好的？有没有更便宜的材料？企业要重新审视过去的所有做法，坚决进行全面、彻底的改革。改革不仅意味着设备硬件需要优化，还意味着组织的统筹等软件要动手术，要彻底推进统筹模式合理化，削减成本，以便降低企业的盈亏平衡点，使企业在销售额减少的情况下也能收获利润。

稻盛和夫称这种在经济萧条时期还能保证利润的企业体质为肌肉型企业体质。企业如果能打造成这样的体质，一旦经济萧条时期过去，经济恢复，订单恢复，利润自然会大幅度增长，实现比过去更高的利润率，成为高收益企业。从这个意义上看，经济萧条时期恰恰是增强企业体质的好机会。

此外，稻盛和夫认为，经济大萧条时期，也是全力开发新产品的好机会。企业经营发展良好的时候，要处理繁杂的事务，常无暇顾及产品开发，也没时间充分听取客户的意见。萧条时期，有了空闲，正好可以把精力和时间专注在产品开发上。

比如，一家做糕点的企业想用新材料做些新式点心，但老式点心一直比较畅销，平时做老式点心都忙得不可开交，哪里还有时间去研究新式点心？遇到萧条期，点心不好卖了，手上没活儿干了，正好可以做一些尝试，研究一下新式点心。

又如，技术研发人员虽然平时也考虑过研发一些新产品，希望有机会对某种新技术发起挑战，但因为太忙了，根本没时间。萧条时期，反倒可以进行尝试，发起新的挑战。

同时，在萧条时期，客户也有了空闲，也在琢磨需要什么产品。这时候，主动拜访客户，听听他们对老产品的意见，对新产品提供的好主意、新点子，回来把这些意见或者创意结合到新产品的开发或者新市场拓展中，有可能催生出意想不到的订单。凡事只要用心，总会有意想不到的收获。

京瓷创立不久，曾把新型陶瓷用于纺织机械的零件。由于纱线在纺织机械上必须高速运行，同纱线接触的零件很容易被磨损，有些不锈钢做的零件，可能用一天就磨断了。而新型陶瓷具有硬度高、耐磨性好的特性，用来代替不锈钢做的纺织零件，效果极好，订单自然源源不断。然而石油危机打了京瓷一个措手不及——纺织机械滞销，致使京瓷的订单一下子中断。

面对这种情况，稻盛和夫决定在企业倡导"全力开发新产品"的策略。一个营销员在拜访一家渔具制造企业时，看到一种鱼竿上附有卷线装置，与天蚕丝线滑动的接触部位是金属导向圈。他想到了纺织线机械零件上的新型陶瓷，就向对方提出建议:"我们公司的新型陶瓷硬度高、耐磨性好,纺织机械上高速运动的纱线接触部位,用的就是我们公司的新型陶瓷。你们鱼竿上面与天蚕丝线接触的金属导向圈不妨换成陶瓷试试看,效果一定很好。"

对方认为,鱼竿上的导向圈只是在投竿时才滑动几次,并不像纺织机械上的纱线需要高速转动,并说:"陶瓷的价格高,鱼竿没有必要用这么高级的东西。"

这位营销员却不放弃,为了能让对方一试,他多次拜访这家企业,不断耐心地劝说对方。他告诉对方,陶瓷零件不仅耐磨损,还能减少与丝线之间的摩擦系数;在挥动鱼竿让鱼钩飞出的一瞬间,如果摩擦系数太大,就会导致丝线滑动阻力大,鱼钩就飞不远;在钓到大鱼时,金属导向圈会因为摩擦系数大导致丝线断开。

想想看,用户正在为钓到大鱼兴奋,线突然断了,这多扫兴!丝线为什么会断?因为钓到大鱼时,线的张力瞬间变大,线和导向圈之间的摩擦力也增加了,由于摩擦生热,天蚕丝制作的渔线很容易被骤然产生的热能熔断。

听了营销员的分析,这家渔具企业的老板同意试用陶瓷做的导向圈。他们先用原来的金属圈,加重负荷用力拉,渔线果然发热熔断。将金属圈换成陶瓷圈,却一点问题没有,效果很理想。

"就用它了！"渔具企业老板拍板做出决定。在一次抛竿钓鱼比赛中，带陶瓷导向圈的钓鱼竿斩获第一名，这家渔具企业对陶瓷导向圈更加信服了。

这一新产品订单对于处在经济萧条期京瓷的销售额做出了很大贡献，虽然价格不高，但是效益不断扩大。直到后来，凡是高级鱼竿，用的全都是陶瓷导向圈，并且该应用普及到全世界。

如果不是恰逢萧条时期纺织机械滞销，这个陶瓷零件大概率不会被运用到鱼竿上。

由此可见，萧条未必是坏事。我们总是认为"危机如火，水火无情"，对待危机避而不及。其实，所谓危机，就是危险加机会。至于它是危险还是机会，在于我们自己怎么去看，如何去做。

不管外部条件如何，都要达成目标

稻盛和夫认为，企业经营者必须具备不屈不挠的坚韧意志，不管面对任何情况，不管外部条件如何，都要坚定不移地寻找活路，寻找希望，坚持下去，直到胜利。若非如此，就不可能把企业经营好。

稻盛和夫意识到不屈不挠的重要性，是在京瓷股票上市之时。当时，上市企业都要公布下一年度的业绩目标，作为对股东的承诺。但是不少企业在确定一个高的目标后，又常以经济变动为理由，随意下调目标。这种情况让员工理所当然地认为，所谓的目标，不过是企业经营者口中说的空话而已，不必那么当真，这就导致员工失去动力，失去干劲。

优秀的企业经营者，即便遭遇严峻的经济形势，甚至是预想不到的逆境，也会出色地完成预定目标。稻盛和夫认为，在这个变化的时代，如果经营者缺乏"不管外部环境如何，都要达成目标"的强烈意志，很难把企业经营下去。

京瓷之所以能从一家默默无闻的街道工厂实现飞跃性发展，逐渐引起国内外的瞩目，最大的契机是从IBM拿到了一个用于生产大型通用计算机中枢部分的零件订单。这个订单是京瓷突出重围，最后打败一家德国知名陶瓷公司才拿下的。

订单数量很大，相当于当时京瓷年销售额的1/4。为此，稻盛和夫和下属们兴奋不已，举行了牛肉火锅派对以示庆祝。然而，这也是京瓷三年多炼狱日子的开始。

当时京瓷的技术标准与IBM产品规格书上要求的品质标准差了一个数量级，原本IBM对于产品尺寸的精度要求就比当时的通行标准高出10倍以上。而当时的京瓷，既没有生产该产品的设备，也没有测量成品性能的仪器。

在外在条件如此不充分的情况下，稻盛和夫内心的斗志却被点燃了。他知道，拿下这个订单并顺利完成，不仅能让京瓷在日本名声大噪，还能让京瓷的技术达到世界先进水平。所以，他立誓"无论如何，必须成功"。

为了按要求完成订单，稻盛和夫搬进工厂，和下属们一起在生产线上忙碌，还对工作的所有步骤、流程进行监督和指导。他们没日没夜地辛苦工作，每天工作结束时，稻盛和夫把疲惫不堪的下属送出工厂大门，并向他们表达感谢，"工作到这么晚，辛苦了，谢谢你"，他自己却不去休息，而是开始回顾一天的工作，如果发现某些地方需要改善，就会继续工作，直到深夜。他经常忙到第二天天快亮才回宿舍休息，因此下属们给他取了一个"拂晓先生"的绰号。

然而，当他们把吃尽苦头做出的试制产品交付对方时，产品却被打上"不合格"的标签全部退了回来。对方只说产品的颜色不对，至于其他方面是否合格的判别工作却没有做比对。稻盛和夫只好带领下属从颜料的调配开始，全部重做。

到底什么时候才能合格？什么时候才能完成？无从得知，他们看不到未来和希望，这让人感到无比煎熬。在多次交付试制产品后，稻盛和夫总是梦到拿到产品合格的通知，醒来却发现是南柯一梦。一盆盆"不合格"的冷水迎头浇下，让一些员工因为实在想不出解决问题的办法而流下懊恼的眼泪。

他们没有放弃。经历了反复失败，反复试错，他们的努力和辛苦最终换来了令人满意的结果——在拿到订单的7个月后，稻盛和夫和他的团队终于拿到了梦到无数次的产品合格通知。此后，工厂的机器高速运转，按时向对方交付数量庞大的产品。

这次经历，不仅锤炼出京瓷过硬的产品质量，还给京瓷带来了强大的自信心。自此之后，京瓷持续研发，不断推出新产品，在发展的路上持续高歌猛进。

一旦在企业经营的道路上遇到阻碍，人们总是习惯性地归咎于"大环境不好""都怪金融危机"等外部条件。实际上，一帆风顺的时代从不曾出现过，那些在艰苦环境中突围的企业，大都很少抱怨外界的不公与艰难。

稻盛和夫认为，这些企业的发展靠的正是自身强大的韧劲、决不放弃的意志，或者是愿望，是斗魂。无论外部环境如何改善，企业经营中仍然会遭遇各种各样无法预料的困难。因此，企业经营者必须具备坚定的意志和饱满的热情。相信一切可能性，竭尽智慧，开动脑筋，不断探索解决困难、突破障碍的方法，才会离成功会越来越近。

一心追求目标，抛弃一切恐惧和借口

稻盛和夫表示，当一个人习惯为自己的种种不顺寻找理由时，他的人生就会一直"不顺"。同样，在企业经营中，如果到处充满了理由和借口，企业也会危在旦夕。我们应该抛弃一切借口，只专注于如何解决问题，实现目标。

通过阅读日本哲学家中村天风先生的著作，稻盛和夫得出一个道理，心灵是塑造人生的最重要的因素。尽管稻盛和夫并未见过中村天风本人，但出于仰慕之心，一直把他视为自己的老师，把他的思想作为自己的精神食粮。稻盛和夫不仅阅读他的著作，还通过和他交往密切的人加以了解他的思想。

中村天风说："在人生的道路上，哪怕你被抛入了命运的滚滚浊流，哪怕你遭遇不幸，疾病缠身，也决不能有一丝的烦闷，一毫的恐惧。"稻盛和夫认为，中村天风先生想要表达的是，一个人哪怕被命运捉弄，遭遇不幸，也不能有苦闷和恐惧，要一心一意地持续思考如何才能成功。持续思考，是其中的关键所在。而且，思考时必须抱定信念，坚忍不拔，不可在借口中动摇。

中村天风小时候脾气很爆，性格粗野，父亲因为管不住他，就把他托付给当时一个颇有势力的人。这个人劝中村天风去参军。于是，16岁的中村天风成为陆军的军事间谍，前往日俄激烈交战的地方，并于战争结束后回到日本。

中村天风不到30岁患上了肺结核，原本强悍的身体变得虚弱不堪。为了治愈结核病，他去了美国治疗，并没有治好。由于医学无能为力，他只好转而求助心理学和哲学。于是，他去了欧洲，拜访了著名的心理学家和哲学家，但也没有找到治愈疾病的良方。

中村天风在失意之中踏上归途。途中，他遇到了一位印度圣人卡里阿帕，便跟随他去往印度修行，竟意外地治好了他的肺结核。随后他回到日本开展了各种各样的事业，获得了极大的成功。有一天，他忽然有了新的想法，抛下已有的一切，开始在街头向路人说法。

他说："我曾经是一个目中无人的暴力青年，今天却站在这里给大家讲人生。不管一个人有怎样的过去,只要心态变了,就能开拓幸福美好的人生。"他的现身说法打动了人心,听他讲法的人越来越多,受他影响的人也越来越多。人生有无限可能,关键在于有一颗怎样的心。所以,不管现在身处何种境遇,尽量不说消极的话,不放大内心的恐惧。

坚持不懈，用哲学把大家的心凝聚在一起

《孙子兵法》中讲，"道者，令民与上同意，可与之死，可以与之生，而不畏危"，意思是，所谓道，就是让民众与君主的思想一致，民众才有可能与君主同生死共患难，不惧怕危险。稻盛和夫认为，企业经营最重要的也是"人心"，必须用正确的哲学统一思想。

稻盛和夫于2010年接手重建日航的工作。尽管那时候企业支援机构已经把"做什么、如何做"作为重建日航计划草案的核心思想，却没有人执行。

稻盛和夫认为，企业破产，等于包括领导在内的全体员工都有一颗破产的"心"。如果这颗"心"不改变，或这个观念不改变，那么，不管采用什么方法、策略，重建工作都

难以取得好的效果。

日航给出的重建期限是三年，稻盛和夫抱定信念：一定要在三年内干成。所以，在很短的时间内培养出能在一线执行重建计划的干部，是稻盛和夫需要解决的头等大事。于是，稻盛和夫和他从京瓷带来的董事一起，制订了计划，对日航的经营干部进行为期一个月的领导者教育。

然而，这个决定刚一宣布，立刻遭到许多人的反对。他们之所以反对这个决定，一是很少有人能认识到领导者教育的重要性；二是在这破产的危急关头，不去做实际工作，却要每周举办几次学习会，这是浪费时间。尽管很多人都抵触这个决定，但稻盛和夫仍然强调这件事的重要性，并且他每周亲自为这些经营干部讲一次课。

学习会好不容易组织起来了，大家一听内容，却更疑惑了。稻盛和夫既不讲组织管理的方法，也不讲什么经营企业的手段、技巧，而是讲他珍视的思维方式和行动规范，即他理解的哲学。诸如"要有感恩之心""保持谦虚坦诚之心"，等等，这些内容大部分都是做人的基本道理。

不少人表达了自己的不满："为什么要学这些连小孩子都懂的东西？"稻盛和夫这样解释："大家都说这些道理非常幼稚、简单，但是，这些道理或者思维方式，作为知识大家或许知道，却根本没有掌握，更没能实践，这是招致公司破产的元凶。"

经过稻盛和夫语重心长地强调,少数人开始能够理解,渐渐地理解的人越来越多,最后,大家的态度都转变了,开始认真听稻盛和夫的讲话,参加哲学学习会的人员范围也从经营干部层扩展到全体干部,再到全体员工。在此基础上,公司内部制定了日航哲学手册。

除了举办哲学学习会,稻盛和夫还亲临工作现场,与一线员工直接交流,特别是空乘人员和飞行员,因为他们的心态是影响公司发展方向的重要因素。稻盛和夫非常郑重地对他们说,日航想要变成乘客喜欢的公司,让乘客产生下次还乘坐这架飞机的想法,空乘人员的"心",即接待服务不能讲形式,要对乘客充满感恩,以及亲切、温暖和关怀。他还要求日航员工即使是机长和乘务员做的例行广播,也不能照本宣科。此外,他还请员工开动脑筋,认真思考,如何讲出关爱,讲出感恩。

在稻盛和夫的教导下,日航员工的心发生了令人难以置信的变化,这种变化在2011年东日本大地震发生后,表现得尤为显著。当时机场被大水围困,如同孤岛,很多人在此避难,员工们自发地向他们提供食品和毛毯。有一位乘务员用新鲜米饭制作成饭团,分发给长时间困在机舱里的乘客。

在搭载日本红十字会救援人员奔赴灾区的飞机上,机长发表了无比暖心的慰问广播，还有乘务员悄悄把写满鼓励和慰问的字条放在他们托运的行李中。

当日航哲学渗透每一个日航员工心里，日航的业绩也一路飙升，并且超过了稻盛和夫的预期，这再一次印证了一个观点——经营企业最重要的就是经营人心。

用正确的观念统一人心，是稻盛和夫创业时从实践中领悟到的。在京瓷还是一家弱不禁风的小企业时，他就开始思考经营企业究竟靠的是什么。经过反复思考和论证，他认为企业经营靠的是"人心"。人心一旦被凝聚起来，大家相互信任、相互理解、相互帮助，发挥出的力量就是惊人的。

在京瓷创立初期，稻盛和夫会在下班后把在场的干部、员工召集起来，热情地向他们讲述自己的理念，包括他对公司使命、工作意义、劳动价值、如何度过人生、公司可能遇到的挑战等内容。他会常常连续不断地讲一两个小时，直到在场所有的人理解和接受。

或许有人认为，与其花费时间和精力去做统一全员思想之类的虚事，还不如去做一些实际工作。更有人把这看作一种不友好的"思想管制"。稻盛和夫认为，企业并非要限制员工的思想自由，只是在工作中，如果每个人都按照自己的思维方式和价值观各行其是，组织就很难做成什么事。相反，如果大家价值观一致，思维方式一致，拥有相同的想法，就能把力量汇聚在一处，实现远大的目标也指日可待。所以，统一大家的思想是非常有必要的。

然而要统一大家的思想并非一件简单的事情。稻盛和夫认为，企业经营者必须利用一切机会，诚心诚意地将自己的想法反复阐述，让其像水一样渗透进员工的心田。稻盛和夫为了让员工理解自己的哲学，也是绞尽脑汁，竭尽全力。他充分发挥自己所有的智慧和知识，用恳切且细心的态度和员工交谈，有时显得唠叨，还会和员工展开激烈的辩论。但是无论如何，他决不玩弄权术、糊弄哄骗，永远是从正面说服，坚持不懈，绝不放弃。

如果自己已经尽力，但对方还是不能理解，稻盛和夫也不会选择妥协的方式，而是会让对方辞职，这种情况时有发生。有人觉得这种做法太极端了，稻盛和夫却坚定地认为，在一个组织内，统一思想、团结一心是组织持续发展的关键。

参考书目

1. 稻盛和夫. 思维方式[M]. 曹寓刚, 译. 北京: 东方出版社, 2018.
2. 稻盛和夫. 稻盛和夫的哲学[M]. 曹岫云, 译. 北京: 东方出版社, 2019.
3. 稻盛和夫. 活法[M]. 曹岫云, 译. 北京: 东方出版社, 2019.
4. 稻盛和夫. 心: 稻盛和夫的一生嘱托[M]. 曹寓刚, 曹岫云, 译. 北京: 人民邮电出版社, 2020.
5. 稻盛和夫. 稻盛和夫自传[M]. 曹寓刚, 译. 北京: 东方出版社, 2020.
6. 稻盛和夫. 稻盛和夫谈经营: 创造高收益与商业拓展[M]. 叶瑜, 译. 北京: 机械工业出版社, 2021.
7. 品墨. 稻盛和夫给年轻人的忠告[M]. 北京: 民主与建设出版社, 2021.
8. 稻盛和夫. 干法[M]. 曹岫云, 译. 北京: 机械工业出版社, 2021.
9. 稻盛和夫. 稻盛和夫: 母亲的教诲改变我的一生[M]. 邓超, 译. 北京: 光明日报出版社, 2021.
10. 稻盛和夫. 稻盛和夫如是说[M]. 曹岫云, 张凯, 译. 北京: 机械工业出版社, 2022.